FÜR ANFÄNGER, STUDENTEN,
BERUFSTÄTIGE UND FAULE

Bowls

EXPRESS KOCHBUCH

Alle Ratschläge in diesem Buch wurden vom Autor und vom Verlag sorgfältig erwogen und geprüft. Eine Garantie kann dennoch nicht übernommen werden. Eine Haftung des Autors beziehungsweise des Verlags für jegliche Personen-, Sach- und Vermögensschäden ist daher ausgeschlossen.

ISBN: 978-3-757633790

Email: info@edition-dreiblatt.de
www.edition-dreiblatt.de

Psiana eCom UG
Berumer Str. 44
26844 Jemgum

FÜR ANFÄNGER, STUDENTEN, BERUFSTÄTIGE UND FAULE

Bowls

EXPRESS KOCHBUCH

DIE LECKERSTEN BOWL REZEPTE FÜR EINE GESUNDE UND ZEITSPARENDE ERNÄHRUNG IM ALLTAG

Vorwort

Bei Ihnen isst das Auge immer mit und Sie möchten aus jeder Mahlzeit auch ästhetisch ein Highlight machen? Dabei soll es aber ebenso gesund, ausgewogen und geschmackvoll zugehen? Und vor allem muss das Ganze mit minimalem Aufwand zu Ihrem Alltag passen?

Kein Problem mit Bowls in der Expressvariante und dieses Buch versorgt Sie mit einzigartigen Kreationen für jeden Tag! Wie wichtig gesunde und ausgewogene Ernährung ist, ist längst bekannt, und viele Menschen verspüren ein schlechtes Gewissen, wenn sie doch immer wieder zu Fastfood, Dosensuppe oder TK-Pizza greifen. Voller Alltag, Stress in Job, Studium und Familienleben und Selbstkochen passen eben einfach nicht zusammen – stimmt gar nicht! Denn Bowl-Rezepte vereinen in sich alles, worauf es für zeitgemäße Alltagsküche ankommt: Frische, gesunde Zutaten in Hülle und Fülle, Abwechslung ohne Ende, für jeden Geschmack was dabei, hochflexibel und wandelbar, Superfoods & Nährstoffbomben, unschlagbar einfach in der Zubereitung und dazu auch noch ein echter Blickfang bei Tisch.

Ob Frühstück oder gesunde Mittagspause, sättigendes Abendessen oder süße Sünde, ob Fisch, Fleisch, vegetarisch oder vegan, hier finden Sie eine Riesenauswahl für alle Anlässe und Vorlieben.

Guten Appetit!

Inhalt

Bowl-Genuss schnell & einfach

Good-Morning-Bowls

Salad-Bowls

Salatdressings

Fleisch- & Geflügel-Bowls

Fisch- & Meeresfrüchte-Bowls

Vegetarische Bowls

Vegane Bowls

Dips & Soßen

Bowl-Genuss schnell & einfach

Das Baukastensystem zum Genießen

Sie sind farbenfroh, wunderschön anzusehen, vielfältig, reichhaltig und dabei auch noch gesund – und Langeweile kommt ohnehin nie auf: Bowls sind in den letzten Jahren zum weltweiten Food-Trend avanciert, doch sie sind viel mehr als nur ein beliebiger Ernährungshype. Denn sie vereinen in sich einige der wichtigsten Merkmale zeitgemäßer, alltagstauglicher, gesunder und dabei grenzenlos geschmackvoller Ernährung. Eine sorgfältig zusammengestellte Auswahl aus meist hochwertigen Lebensmitteln, gepaart mit dem Bewusstsein für den Wert von Lebensmitteln sowie einem fröhlich-kreativen Sinn für Ästhetik – hier vereinen sich Achtsamkeit, Modernität und purer Genuss in einzigartiger Form.

Wer in hippen Restaurants eine Bowl bestellt, wird meist mit einem instagramtauglichen Kunstwerk belohnt, allerdings schlägt sich das auch im Preis nieder: Für feine Bowls müssen Sie nicht wenig auf den Tisch legen, obwohl oft ein Großteil der Zutaten in die Kategorie „bodenständig & einfach" fällt. Da gibt es allerdings Abhilfe: Denn die hübschen Köstlichkeiten lassen sich problemlos auch zuhause zubereiten – sind dank der Unkompliziertheit der meisten Bestandteile sowie absolut überschaubarem Arbeitsaufwand sogar prädestiniert dafür – und ja: Auch die Optik kriegen Sie mühelos hin.

Zum Kinderspiel werden Zubereitung und Servieren mit diesem Kochbuch: Es versorgt Sie nicht nur mit einer Riesenauswahl an fantasievoll-köstlichen Kreationen, sondern lässt Sie auch beim Ästhetik-Aspekt nicht im Stich. Zudem punkten die Express-Rezepte mit einfacher und anfängertauglicher Schritt-für-Schritt-Anleitung und sie legen höchsten Wert auf Vereinbarkeit mit einem turbulenten Alltag. In maximal 30 Minuten stehen die allermeisten Kunstwerke fix und fertig auf dem Tisch und erlauben Ihnen selbst in stressigen Zeiten kulinarische Auszeiten ganz nach Ihrem Geschmack.

Apropos Geschmack: Das „Baukastensystem" der meisten Bowls ermöglicht Ihnen, ganz einfach auch selbst kreativ zu werden und so jede Mahlzeit genau nach Ihren Vorlieben zu genießen – oder auch einfach inspiriert von den Resten in Ihrem Kühlschrank, die dringend verspeist werden sollten.

Damit Sie Ihren Bowl-Genuss so vielfältig, auf Ihre Wünsche zugeschnitten und dabei so unkompliziert wie möglich gestalten können, erfahren Sie nun zunächst Praktisches & Wissenswertes rund um die ganz besonderen Gerichte – also machen Sie es sich für einen Moment gemütlich und tauchen Sie in die Lektüre über die spannende Welt der Schüssel-Schlemmereien ein!

Die Ursprünge der Schüsselgerichte

Zwar sind Bowls seit einigen Jahren einer der großen urban-modernen Trends im Food-Bereich, doch eine neue Erfindung sind sie ganz und gar nicht. Tatsächlich gehören Schüsselgerichte streng genommen zu den ältesten Mahlzeitformen der Menschheitsgeschichte, denn eine wertvolle Schale haben Sie jederzeit bei sich: Geformt aus Ihren beiden Händen, aus denen unsere Vorfahren vor zehntausenden von Jahren kostbare Nahrungsmittel verspeist haben.

Später dann, allerdings auch vor bereits etwa 10.000 Jahren, waren sie in der Lage, erste einfache Tongefäße herzustellen, die die Form einfacher Schüsseln hatten und es ermöglichten, Lebensmittel wie Getreide, Wurzeln oder Samen durch Kochen oder Rösten zu verarbeiten, bekömmlicher zu machen und beispielsweise als Brei zu verzehren.

Gut möglich, dass das heimelig-wohlige Gefühl, das uns heute durchströmt, wenn wir eine verlockend angerichtete Bowl in unseren Händen halten, mit diesem archaischen Gefühl von lebensnotwendiger Nährstoffzufuhr zusammenhängt – denn um ausreichend Essen in allen Formen müssen die allermeisten von uns sich heutzutage keine Sekunde Gedanken machen.

Die heute moderne Bowl-Variante ist von diesen frühen Ursprüngen der Menschheit weit entfernt, aber ein Produkt innovativer Hipster-Gastronomen ist sie ebenfalls nicht. Vielmehr greift sie traditionelle Speisekultur etwa aus Asien oder auch Hawaii auf und Vorreiter der Umdeutung dieser Wurzeln zum zeitgemäßen Trend war die sogenannte Clean-Eating-Bewegung. Ursprünglich bekannt gemacht von britischen Kochbloggerinnen, verfing der Ansatz vor allem in den USA – kein Wunder, denn das immer größer werdende Bewusstsein für gesunde Ernährung steht oftmals in krassem Widerspruch zur typischen US-Ernährung.

Wer sich je in einem US-amerikanischen Supermarkt oder Diner umgesehen hat, der weiß: Verarbeitet bis hochverarbeitet sind

hier die allermeisten Lebensmittel, Zuckerzusatz gehört zur Norm. Eine junge, zunehmend gesundheitsbewusste Generation war somit sehr empfänglich für die Idee von „sauberem“ Essen, also möglichst unverarbeiteten Lebensmitteln, reichlich Gemüse, gesunden Kohlenhydraten und den immer beliebter werdenden Superfoods.

Der Blick nach Hawaii ist vom US-Festland nicht weit und so erregten die dort traditionellen Poké-Bowls schnell die Aufmerksamkeit der Foodies: Dabei handelt es sich um einfache Fischgerichte der örtlichen Fischer, bei denen roher, fangfrischer (Gelbflossen-) Thunfisch im Vordergrund steht. Um ihren Fang haltbar zu machen, wurde er zeitnah gewürfelt (*poké* bedeutet nichts anderes als *gehackt* oder *geschnitten*), reichlich gesalzen und mit Nüssen und bestimmten Algen mariniert. Dieses Original ist unter dem Namen „Ahi-Poké“ bekannt, da mittlerweile aber längst auch Shrimps, Lachs, Hühnchen oder Tofu in die Schüssel wandern, heißt es nur noch Poké.

Japanische und westliche Einflüsse haben in den kommenden Jahren die Vielfalt in den Bowls erweitert und für nahezu unendliche Abwechslung und Kreativität gesorgt. Im Mittelpunkt stehen dabei stets gesunde, möglichst wenig verarbeitete, pflanzenbetonte Zutaten, die nicht einfach salatartig vermischt werden, sondern mit ihrer separierten, sorgfältigen Anrichtung die Wertschätzung sowie den bewussten Genuss in den Vordergrund stellen. Das macht die Bowl quasi zum Inbegriff der Idee einer Clean-Eating-geneigten Kultur – und längst auch zum geschmacklichen Highlight für alle, die ihre Ernährung etwas entspannter sehen und sich einfach einen köstlichen, gesunden Leckerbissen gönnen möchten.

Und auch aus einem ganz anderen Winkel des Planeten ist Inspiration für Schüsselglück in westliche Restaurants geschwappt: die sogenannten Buddha-Bowls, die ihren Ursprung im Zen-Buddhismus haben. Mönche dort folgen einer bestimmten Esskultur, die als Ōryōki-Ernährungsweise bezeichnet wird. Dabei werden Mahlzeiten in Schweigen und Stille sowie Achtsamkeit und Dankbarkeit für die nahrhaften Speisen eingenommen. Ein jeder Mönch besitzt sein Schüsselset und es wird gerade so viel gegessen, wie wirklich benötigt wird. Die Schalen der Zen-Mönche sind im Übrigen grundsätzlich vegetarisch gefüllt, wer eine traditionelle Buddha-Bowl verspeisen möchte, verzichtet also auf Fleischbeigaben.

Die größte der Schüsseln aus diesem Set heißt Buddha-Schüssel, was möglicherweise die dann im Westen geläufig gewordene Be-

zeichnung für das entlehnte Trendgericht beeinflusst hat, es gibt jedoch noch eine andere Geschichte: Derzufolge erinnert die reichlich gefüllte Schüssel an den gewölbten Bauch der bekannten, zufrieden lächelnden Buddha-Statuen und die Bezeichnung als Buddha-Bowl verweist mit einem Augenzwinkern auf das Glücksgefühl angesichts einer bis an den Rand mit Köstlichkeiten bestückten Schale vor sich auf dem Tisch.

Das macht eine gute Bowl aus

Wer sich heute seine Mittags-Bowl zaubert, muss dabei keineswegs auf rohen Fisch oder buddhistische Veggie-Varianten zurückgreifen, sondern kann sich an schier grenzenlosem Erfindungsreichtum bedienen. Mittlerweile finden sich sogar Rezepte für eigenwillige Bowls wie etwa eine Burger-Bowl, bei der die Burgerzutaten nicht zum Burger zusammengefügt, sondern stattdessen separiert in der Bowl angerichtet werden. Das mag schmecken, läuft dem ursprünglichen Gesundheitsgedanken allerdings etwas zuwider – und rundum verlockend köstliche Bowls gibt es auch mit gesundem Nährstoffprofil.

Aufgebaut ist eine Bowl in der Regel wie folgt: 30 % Kohlenhydrate, 30 % Eiweiß, 30 % Gemüse, Obst & Co. Die restlichen 10 % entfallen auf Toppings, Dips, Saucen und was sonst noch für Raffinesse sorgt. Mit diesem „Baukasten“ haben Sie eine nahrhafte, sättigende, gesunde und ausgewogene Bowl vor sich auf dem Tisch stehen, aber natürlich steht es Ihnen frei, hier auch andere Schwerpunkte zu setzen: So ist nach einem anstrengenden Krafttraining vielleicht eine Proteinbomben-Bowl das Richtige oder es darf im Sommer bzw. auf dem Weg zur Bikinifigur mal eine Bowl sein, die hauptsächlich mit Gemüse punktet. Darüber hinaus haben mittlerweile längst auch Frühstücks- oder Dessert-Bowls die Speisekarten erobert, die dann einer völlig anderen Zusammensetzung folgen.

Für die klassische Hauptgericht-Bowl können Sie sich von folgenden Komponenten inspirieren lassen:

Kohlenhydrate:

- verschiedene Reissorten
- Pasta
- asiatische Nudelvarianten
- Quinoa, Hirse, Couscous, Bulgur
- Amaranth
- Haferflocken
- verschiedene Getreidesorten
- Kartoffeln

Eiweiß:
- Tofu
- Tempeh
- Eier
- Hähnchen, Rind, Schwein
- Hüttenkäse, Käse
- Fisch & Meeresfrüchte

Gemüse & Ballaststoffe:
- Gemüse & Obst als Rohkost, Sorten nach Belieben
- Gemüse in gedünsteter oder geschmorter Form oder aus dem Ofen
- Hülsenfrüchte (ebenfalls wertvoll als Proteinkomponente)
- Sprossen
- zubereitete Salate wie Gurkensalat, Kartoffelsalat, Rohkostsalat, Radieschensalat etc.
- fermentiertes Gemüse wie Kimchi oder Sauerkraut (sorgen dank probiotischem Effekt für einen extra Gesundheits-Kick)

On Top:
- Dressing
- Dips & Cremes
- Nüsse
- Saaten & Samen
- Sprossen
- frische Kräuter wie Petersilie, Koriander, Minze, Schnittlauch
- Beeren
- Kakaonibs

Aus diesen oder ähnlichen Elementen besteht jede leckere Bowl und wenn Sie einige Bowl-Erfahrung gesammelt haben, bekommen Sie vielleicht Lust, daraus auch mal eine ganz eigene Kreation zu entwickeln. Wenn Sie sich aber lieber an die vielfältigen Rezepte in diesem Buch halten, kann Ihnen diese Liste trotzdem nützlich sein: Denn vielleicht lacht eine Bowl Sie so richtig an, doch eine enthaltene Komponente entspricht so gar nicht Ihrem Geschmack. Dann können Sie sich in dieser Liste Inspirationen für adäquaten Ersatz holen und dafür sorgen, dass jede Schüssel wirklich genau nach Ihren Wünschen gerät.

Zuletzt noch ein Wort zur Optik, denn ja, die spielt beim Bowl-Genuss eine entscheidende Rolle. Dass das Auge mitisst, ist eine bekannte Weisheit, aber tatsächlich geht es viel weiter als das: Die sorgfältig konzipierte, ästhetische Gestaltung der Schüssel hat eine große Wirkung auf das gesamte Speiseerlebnis. Das Essen, jedoch auch die einzelnen Bestandteile werden bewusst, achtsam und wertschätzend wahrgenommen, etwas, das

in der Zeit von Nebenher-Essen mit Smartphone, Fastfood- und To-Go-Kultur sowie jederzeit unbegrenzt verfügbarer Lebensmittelauswahl viele Menschen neu erlernen müssen. Dabei ist das nicht nur eine Vorliebe, sondern eine essentielle Fähigkeit: Mit bewusstem Essen geht die Wahrnehmung von Sättigungsgefühl einher sowie das Gespür dafür, was der Körper braucht. Dies sind die eigentlichen Grundlagen von gesundem Körpergewicht und ausgewogener Ernährung – Bowls bieten die perfekte Gelegenheit, das inmitten der Hektik unserer Moderne wieder zu erlernen.

So wird Ihre Bowl zum Genuss-Highlight

Obwohl Bowls mit unkomplizierter Zubereitung punkten, gibt es einiges zu beachten, um die perfekte Bowl-Kreation in die Schüssel zu zaubern. Das bezieht sich zum einen auf die Zubereitung der Zutaten an sich, zum anderen auf das Anrichten und schließlich auf die Beauty-Komponente.

1 **Korrekte Anordnung**: Sofern im Rezept nicht anders angegeben, empfiehlt es sich, große Salatblätter unten in die Schüssel zu geben und weitere Zutaten darauf zu drapieren. Bei den weiteren Komponenten achten Sie auf Flüssigkeit sowie Saucen: Wenn Sie etwa einen vorbereiteten Gurkensalat in die Bowl integrieren, möchten Sie vermutlich nicht, dass die Quinoa sich mit dem Dressing vollsaugt. Manche Zutaten sollen trocken und „einzeln" bleiben, bei anderen ist eine Durchmischung bzw. ein Aufnehmen von Sauce gewünscht. Auch Dips oder Cremes sollen meist separiert bleiben, sodass Sie nach Wahl einzelne Zutaten damit kombinieren können. Achten Sie also immer darauf, Bestandteile, die Sauce oder Flüssigkeit an andere Komponenten abgeben können, weiter unten bzw. auf der anderen Seite zu platzieren. Toppings wie Kräuter und Nüsse sollten erst ganz am Ende oben auf der Bowl landen, denn durch Flüssigkeit verlieren sie ihre Knackigkeit, und Petersilienzweige & Co. machen sich am besten in frisch und unzerdrückt.

2 **Bereiten Sie alles gut vor**: Idealerweise geben Sie die verschiedenen Komponenten am Ende zügig nacheinander in die Schale. So vermeiden Sie, dass etwa Salatblätter, die schon länger im Dressing schwimmen, matschig werden oder Zutaten zusammenfallen oder zu viel Flüssigkeit austauschen.

3 **Vielfalt**: Kombinieren Sie für das perfekte Kunstwerk und Genusserlebnis sowohl möglichst viele verschiedene Farben als auch unterschiedliche Texturen. Eine

regenbogenbunte Schüssel mit knusprigen, knackigen, cremigen und weichen Elementen spricht die Sinne auf allen Ebenen an.

4 **Schönheitsaspekte**: Besonders hübsch wird Ihre Bowl, wenn Sie farbliche Kontraste schaffen, also Lebensmittel aufeinander bzw. nebeneinander platzieren, die sich optisch voneinander abheben. Dazu reicht manchmal eine kleine Menge als Akzent, denken Sie etwa an ein paar Chiliflocken auf Salatgrün, einige Maiskörner zwischen Tomaten oder etwas Petersilie über der Hähnchenbrust. Besonders reizvoll sind auch unterschiedliche Formen. Einfach nur Gewürfeltes auf Gewürfeltem macht sich selbst bei Farbkontrast nicht besonders gut, stattdessen können Sie z. B. Gurken in Halbmonde schneiden, Tomaten würfeln, rote Paprika in Streifen schneiden und Karotten raspeln. Ein absoluter Beauty-Joker sind natürlich Kräuter: Ganze Koriander- oder Petersilienblätter bringen kunstvoll drapiert Gartenästhetik in die Bowl und ein Rosmarinzweig sorgt für ein plastisches, komplexes Bild in der Schüssel.

Tipp: Legen Sie von allem, was Sie so für die Bowl verarbeiten, ein paar nicht zerkleinerte Stücke auf die Seite, insbesondere ganze Kräuterstängel oder auch eine komplette Tomatenscheibe. Damit können Sie zum Schluss kinderleicht wunderschöne Akzente setzen.

5 **Hübsche Schalen**: All die Instagram-Bilder zeigen es sehr deutlich: Eine schöne Schüssel bringt Ihre Kreation erst so richtig zur Geltung, also tun Sie sich den Gefallen und nehmen Sie nicht die alte Plastikschüssel oder Omas Kloßschale mit abgeplatztem Rand. Kaufen Sie sich, falls Sie so etwas noch nicht besitzen, eine wirklich schöne Schüssel nach genau Ihrem Geschmack – das muss übrigens gar nicht teuer sein!

Mit diesen Tipps sowie den folgenden Rezepten wird schon Ihre erste Bowl ein Kunstwerk, an dem sich Ihre Sinne so richtig erfreuen können. Und gerade bei Bowls wird der Genuss natürlich umso größer, wenn Sie sich gemeinsam mit lieben Menschen an der Schönheit der Schüsselkunst erfreuen.

Also suchen Sie sich ein Rezept heraus, das Sie begeistert, laden Sie sich Essensgäste ein und dann verzaubern Sie sich und Ihre Lieben mit einem Speiseerlebnis der Extraklasse, das sowohl unschlagbar unkompliziert als auch genussvoll ist.

Guten Appetit!

Saisonkalender

Bowls zeichnen sich zu einem großen Teil durch frisches Obst und Gemüse aus, versorgen Sie entsprechend mit wichtigen Vitaminen und Mineralstoffen und tragen somit zu einer gesunden, ausgewogenen Ernährung bei. Je länger Obst und Gemüse jedoch lagert, desto mehr wertvolle Vitamine und Mikronährstoffe werden durch enzymatische Reaktionen abgebaut. Mithilfe dieses Saisonkalenders wissen Sie immer, wann welche inländischen Lebensmittel besonders frisch und nährstoffreich sind, und können diese gezielt in Ihre Ernährung integrieren. Gleichzeitig kann so auch ein nachhaltiger und ressourcenschonender Ansatz verfolgt werden.

Gemüse	JAN	FEB	MRZ	APR	MAI	JUN	JUL	AUG	SEP	OKT	NOV	DEZ
Artischocke					●	●	●	●	●	●		
Aubergine						●	●	●	●	●		
Blumenkohl						●	●	●	●	●		
Bohnen							●	●	●	●		
Brokkoli						●	●	●	●	●		
Champignon	●	●	●	●	●	●	●	●	●	●	●	●
Erbsen						●	●	●				
Fenchel					●	●	●	●	●	●	●	
Frühlingszwiebel					●	●	●	●	●	●		
Grünkohl	●										●	●
Kartoffel						●	●	●	●	●		
Kohlrabi				●	●	●	●	●	●			
Kürbis							●	●	●	●		
Mais						●	●	●	●	●		

Gemüse	JAN	FEB	MRZ	APR	MAI	JUN	JUL	AUG	SEP	OKT	NOV	DEZ
Mangold					■	■	■	■	■	■		
Meerrettich	■	■									■	■
Möhre						■	■	■	■	■		
Pak Choi				■	■	■	■	■	■	■	■	
Paprika							■	■	■	■		
Pfifferling							■	■	■	■		
Porree								■	■	■	■	■
Radieschen				■	■	■	■					
Rosenkohl	■								■	■	■	■
Rote Bete	■	■	■						■	■	■	■
Rotkohl	■	■	■						■	■	■	■
Salatgurke					■	■	■	■				
Schalotte						■	■	■	■			
Spargel			■	■	■	■						
Spinat				■	■	■	■	■	■	■		
Spitzkohl					■	■	■	■	■	■		
Staudensellerie							■	■	■	■		
Steckrübe									■	■	■	■
Süßkartoffel	■	■	■	■	■	■	■	■	■	■	■	■
Tomate							■	■	■			
Weißkohl	■	■	■						■	■	■	■
Zucchini						■	■	■	■			
Zwiebel	■	■	■	■	■			■	■	■	■	■

Obst	JAN	FEB	MRZ	APR	MAI	JUN	JUL	AUG	SEP	OKT	NOV	DEZ
Apfel								■	■	■		
Aprikose						■	■	■	■			
Birne							■	■	■	■		
Brombeere							■	■	■	■		
Erdbeere					■	■	■					
Heidelbeere						■	■	■	■	■		
Himbeere						■	■	■				
Johannisbeere						■	■	■				
Kirsche						■	■	■	■			
Nektarine							■	■	■			
Pfirsich					■	■	■	■	■			
Pflaume						■	■	■	■	■		
Rhabarber			■	■	■	■	■					
Stachelbeere						■	■	■				
Weintraube								■	■	■	■	
Zwetschge							■	■	■	■		

Nüsse	JAN	FEB	MRZ	APR	MAI	JUN	JUL	AUG	SEP	OKT	NOV	DEZ
Haselnuss	■								■	■	■	■
Walnuss										■	■	■

Salat	JAN	FEB	MRZ	APR	MAI	JUN	JUL	AUG	SEP	OKT	NOV	DEZ
Bataviasalat					■	■	■	■	■			
Chicorée	■	■	■	■						■	■	■
Eisbergsalat						■	■	■	■			
Endiviensalat					■	■	■	■	■	■	■	■
Feldsalat	■	■	■							■	■	■
Kopfsalat						■	■	■	■			
Lollo Rosso				■	■	■	■	■				
Radicchio						■	■	■	■	■		
Romanasalat						■	■	■	■	■	■	

Kräuter	JAN	FEB	MRZ	APR	MAI	JUN	JUL	AUG	SEP	OKT	NOV	DEZ
Bärlauch			■	■	■							
Basilikum						■	■	■	■	■		
Dill						■	■	■				
Estragon						■	■					
Kerbel			■	■	■	■	■	■	■			
Kresse			■	■	■	■						
Minze	■	■	■	■	■	■	■	■	■	■	■	■
Oregano						■	■	■	■			
Petersilie						■	■	■	■	■		
Rosmarin						■	■	■	■			
Schnittlauch			■	■	■	■	■	■	■			
Thymian					■	■	■	■	■			

Good-Morning-Bowls

Overnight-Chiasamen-Bowl

4 Port. 15 Min. Leicht

Zutaten

500 ml Milch
90 g Chiasamen
300 g Joghurt
1 TL Vanilleextrakt
2 EL Honig
2 Kiwis
2 Nektarinen
200 g Heidelbeeren
200 g Himbeeren
Mandelblättchen

Nährwerte p. P.

410 kcal, 44 g kh,
17 g Fett, 15 g Eiweiß

1 Geben Sie die Chiasamen in eine große Schüssel und fügen Sie die Milch hinzu. Rühren Sie die Mischung gründlich mit einem Schneebesen um, damit sich die Chiasamen gleichmäßig verteilen. Geben Sie das Vanilleextrakt hinzu und rühren Sie erneut um.

2 Süßen Sie die Mischung mit Honig nach Geschmack und mischen Sie alles gründlich durch. Lassen Sie die Mischung für 5 Minuten stehen und rühren Sie anschließend erneut kräftig um. Decken Sie die Schüssel ab und stellen Sie sie bis zum nächsten Morgen in den Kühlschrank.

3 Waschen Sie das Obst. Schälen Sie die Kiwis und schneiden Sie sie sowie die Nektarinen in Scheiben.

4 Nehmen Sie den Chiasamen-Pudding aus dem Kühlschrank und rühren Sie den Joghurt ein. Verteilen Sie den Pudding gleichmäßig auf die vorbereiteten Servierschalen und garnieren Sie das Ganze mit dem Obst und den Mandelblättchen.

Joghurt-Beeren-Bowl

4 Port. 15 Min. Leicht

Zutaten

800 g Joghurt	
100 g Heidelbeeren	
100 g Himbeeren	
100 g Brombeeren	
4 Feigen	
4 EL Ahornsirup	
4 EL gehackte Mandeln oder Nüsse nach Wahl	

Nährwerte p. P.

332 kcal, 39 g kh,
11 g Fett, 15 g Eiweiß

1 Waschen Sie die Beeren und die Feigen unter fließendem Wasser. Tropfen Sie sie anschließend auf einem sauberen Küchentuch ab. Die Feigen schneicen Sie in Scheiben.

2 Verteilen Sie den Joghurt gleichmäßig auf 4 Servierschalen. Glätten Sie die Oberfläche mit einem Löffel und verteilen Sie das Obst dekorativ darauf.

3 Beträufeln Sie jede Bowl mit Ahornsirup und streuen Sie gehackte Mandeln oder Nüsse darüber.

Nektarinen-Orangen-Reisbrei-Bowl

4 Port. 30 Min. Leicht

Zutaten

200 g Rundkornreis (Milchreis)
400 ml Kokosmilch
400 ml Wasser
2 EL Zucker
1 Prise Salz
2 reife Nektarinen
1 Orange
4 TL Honig
Minzblätter zum Garnieren
1 Zimtstange

Nährwerte p. P.

368 kcal, 62 g kh,
10 g Fett, 6 g Eiweiß

1 Nektarinen und Orange unter fließendem Wasser waschen.

2 Reis in einen mittelgroßen Topf geben, Kokosmilch, Wasser, Zucker und Salz zufügen, gründlich umrühren, mittlere Hitze einstellen und unter gelegentlichem Rühren zum Kochen bringen. Hitze reduzieren und Reis unter häufigem Rühren 20-25 Minuten köcheln lassen.

3 Nektarinen längs entlang des Kerns aufschneiden und würfeln. Würfel in 4 Portionen teilen und beiseitelegen. Orange ebenfalls würfeln und Zimtstange in 4 Stücke teilen.

4 Topf mit dem Reis vom Herd nehmen und gründlich umrühren. Nektarinen und Orangen unterrühren und auf 4 Servierschalen verteilen. Jede Bowl mit einem Minzblatt und einem Stück Zimtstange garnieren und mit 1 TL Honig beträufeln. Bowl sofort servieren, solange der Reis warm ist.

Bananen-Müsli-Bowl

4 Port. 10 Min. Leicht

Zutaten

200 g Müsli (ungesüßt oder mit leichter Süße)
2 große Bananen
1 Handvoll Erdbeeren
800 ml Milch
2 TL Honig
1 TL Zimt

Nährwerte p. P.

328 kcal, 56 g kh,
7 g Fett, 9 g Eiweiß

1 Bereiten Sie vier Servierschalen vor.

2 Schälen Sie die Bananen und schneiden Sie sie in gleichmäßige Scheiben. Teilen Sie die Bananenscheiben in vier gleich große Portionen und legen Sie sie beiseite. Waschen Sie die Erdbeeren, entfernen Sie den Strunk und schneiden Sie sie in Scheiben.

3 Verteilen Sie das Müsli gleichmäßig auf die vier Servierschalen und fügen Sie die Bananenscheiben sowie die Erdbeeren hinzu. Anschließend gießen Sie die Milch gleichmäßig darüber.

4 Beträufeln Sie jede Bowl mit etwas Honig für eine leichte Süße und geben Sie für einen zusätzlichen Geschmack 1 Prise Zimt hinzu.

Couscous-Radieschen-Bowl

4 Port. 20 Min. Leicht

Zutaten

- 200 g Couscous
- 400 ml Gemüsebrühe
- 200 g Tomaten
- 1 Salatgurke
- 1 Bund Radieschen
- 4 Eier
- 2 EL Olivenöl
- Salz, Paprikapulver und Pfeffer nach Geschmack
- 4 TL Limettensaft

Nährwerte p. P.

338 kcal 40 g kh,
14 g Fett, 14 g Eiweiß

1 Tomaten, Gurke und Radieschen mit Wasser abspülen und zum Trocknen auf ein sauberes Küchentuch legen. 4 Servierschalen bereitstellen.

2 Couscous in eine hitzebeständige Schüssel geben, Gemüsebrühe in einem kleinen Topf erhitzen und diese über den Couscous gießen, sodass er vollständig bedeckt ist. Schüssel abdecken und Couscous 5-7 Minuten quellen lassen. Sobald der Couscous die gesamte Flüssigkeit aufgenommen hat, mit einer Gabel auflockern.

3 Tomaten, Gurken und Radieschen in dünne Scheiben schneiden.

4 Olivenöl in einer Pfanne erhitzen, Eier nacheinander aufschlagen, hineingeben und 3-4 Minuten braten. Mit Salz, Pfeffer und Paprikapulver würzen.

5 Couscous gleichmäßig auf den Servierschalen verteilen und Gemüse dekorativ dazugeben. Je ein frisch gebratenes Spiegelei auf jede Bowl legen und mit 1 TL Limettensaft beträufeln.

Aprikosen-Nuss-Bowl

4 Port. 25 Min. Leicht

Zutaten

200 g Müsli	
400 ml Milch	
100 g getrocknete Aprikosen	
100 g getrocknete Beeren nach Wahl	
4 EL ganze Nüsse nach Wahl	
4 TL Honig	
200 ml Wasser	

Nährwerte p. P.

385 kcal, 56 g kh, 12 g Fett, 11 g Eiweiß

1 Aprikosen in Hälften schneiden und in eine kleine Schüssel legen. Beeren in eine separate Schüssel geben.

2 Wasser in einem kleinen Topf erwärmen, über die Aprikosen und Beeren gießen, sodass sie vollständig bedeckt sind, und 10 Minuten einweichen lassen. Wasser abgießen und Früchte in einem Sieb gut abtropfen lassen.

3 Müsli in eine große Schüssel geben. Milch in einem Topf leicht erwärmen, über das Müsli geben und gründlich umrühren. Müsli 5-10 Minuten ziehen lassen und gelegentlich umrühren.

4 Nüsse in einer beschichteten Pfanne ohne Fett 2-3 Minuten rösten, anschließend abkühlen lassen.

5 Eingeweichtes Müsli auf 4 Servierschalen verteilen. Nüsse, Aprikosen und Beeren dekorativ darübergeben und gleichmäßig verteilt anrichten. Bowls mit je 1 TL Honig beträufeln.

Buchweizen-Avocado-Bowl

4 Port. 30 Min. Leicht

Zutaten

- 200 g Buchweizen
- 500 ml Gemüsebrühe
- 4 Eier
- 2 Avocados
- 2 Wassermelonen-Rettiche (alternativ Radieschen)
- 2 EL Olivenöl
- 1 EL Zitronensaft
- Salz & Pfeffer
- Chiasamen zum Bestreuen
- Wasser zum Kochen

Nährwerte p. P.

355 kcal, 28 g kh,
22 g Fett, 14 g Eiweiß

1 Buchweizen in ein Sieb geben und unter kaltem Wasser abspülen, um die überschüssige Stärke zu entfernen. Gemüsebrühe in einem Topf erhitzen, Buchweizen darin verrühren und 15-20 Minuten köcheln lassen. Buchweizen abgießen und 5 Minuten ausdampfen lassen.

2 Eier in einem kleinen Topf 7-8 Minuten hart kochen. Wasser abgießen und Eier in eine Schüssel mit kaltem Wasser legen, um den Garprozess zu stoppen. Eier schälen und in Hälften schneiden.

3 Avocados länge in 2 Hälften schneiden, von Kernen befreien, Fruchtfleisch mit einem Löffel herauslösen und in dünne Scheiben schneiden. Wassermelonen-Rettiche ebenfalls in dünne Scheiben schneiden.

4 Buchweizen auf 4 Servierschalen verteilen, Avocado, Eier und Rettich dekorativ darauf anrichten und alles mit Olivenöl und Zitronensaft beträufeln. Mit Salz und Pfeffer würzen und mit Chiasamen bestreuen.

Porridge-Früchte-Bowl

4 Port. 25 Min. Leicht

Zutaten

200 g Haferflocken, zart oder kernig
800 ml Milch
1 Prise Salz
1 TL Vanilleextrakt
2 EL Honig
200 g frische Früchte
1 TL Zimt

Nährwerte p. P.

382 kcal, 60 g kh,
9 g Fett, 14 g Eiweiß

1 Früchte waschen und in einem Sieb abtropfen lassen.

2 Haferflocken in einen mittelgroßen Topf geben, Milch zufügen und gut verrühren. Topf auf den Herd stellen, mittlere Hitze einstellen, 1 Prise Salz zufügen und erneut umrühren.

3 Haferflocken-Milch-Mischung langsam erhitzen, bis sie zu dampfen beginnt, dabei regelmäßig rühren. Hitze leicht erhöhen, bis die Mischung zu köcheln beginnt, weiterhin regelmäßig rühren.

4 Hitze reduzieren und Porridge unter ständigem Rühren 5-7 Minuten köcheln lassen. Vanilleextrakt unterrühren.

5 Topf vom Herd nehmen, Honig unterrühren und 2 Minuten ruhen lassen.

6 Porridge auf 4 Servierschalen verteilen, mit Früchten garnieren und 1 Prise Zimt darüberstreuen.

Avocado-Lachs-Bowl

2 Port. 20 Min. Leicht

Zutaten

2 Eier
100 g Räucherlachs
1 reife Avocado
4 Radieschen
2 Handvoll gemischte Blattsalate (z. B. Babyspinat, Rucola, Mangold)
½ Zitrone
1 TL schwarzer oder gemischter Sesam
1 EL Olivenöl
1 TL Apfelessig
Salz und Pfeffer

Nährwerte p. P.

430 kcal, 8 g kh,
32 g Fett, 25 g Eiweiß

1 Blattsalat waschen, trocknen und auf 2 Schüsseln verteilen. Avocado halbieren, Kern entfernen und Schale lösen. Fruchtfleisch in feine Scheiben schneiden und diese vorsichtig zu einer Rosette rollen. Avocado auf den Salat legen.

2 Lachs neben die Avocado legen. Radieschen in feine Scheiben schneiden und darübergeben.

3 In einem kleinen Topf Wasser zum Sieden (nicht kochen!) bringen und 1 TL Apfelessig zufügen. Jedes Ei einzeln in eine kleine Schale schlagen und vorsichtig ins heiße Wasser gleiten lassen.

4 Eier 3-4 Minuten pochieren, bis das Eiweiß fest, aber das Eigelb noch weich ist. Eier mit einer Schaumkelle herausheben und kurz abtropfen lassen.

5 Je ein pochiertes Ei auf die vorbereiteten Bowls legen, alles mit Olivenöl und etwas Zitronensaft beträufeln, mit Sesam bestreuen und mit Salz und Pfeffer würzen.

Hirse-Trockenfrüchte-Bowl

2 Port. 25 Min. Leicht

Zutaten

120 g Hirse	
300 ml Milch (oder pflanzliche Alternative, z. B. Hafer- oder Mandelmilch)	
150 ml Wasser	
4 getrocknete Aprikosen	
3 getrocknete Pflaumen	
2 EL Rosinen	
1 TL Honig oder Ahornsirup (optional)	
1 Prise Salz	
½ TL Zimt (optional)	

Nährwerte p. P.

360 kcal, 65 g kh,
6 g Fett, 10 g Eiweiß

1 Spülen Sie die Hirse in einem feinen Sieb mit heißem Wasser ab, um Bitterstoffe zu entfernen.

2 Geben Sie Milch und Wasser in einen Topf und bringen Sie beides zum Kochen. Fügen Sie die Hirse und eine Prise Salz hinzu, reduzieren Sie die Hitze und lassen Sie die Hirse bei niedriger Temperatur etwa 15 Minuten köcheln, bis die Flüssigkeit aufgesogen ist. Rühren Sie zwischendurch gelegentlich um, damit nichts anbrennt.

3 Schneiden Sie währenddessen die getrockneten Aprikosen und Pflaumen in Stücke. Geben Sie sie zusammen mit den Rosinen in die heiße Hirse und lassen Sie alles weitere 5 Minuten ziehen.

4 Süßen Sie das Gericht nach Belieben mit Honig oder Ahornsirup und verfeinern Sie es optional mit etwas Zimt.

5 Füllen Sie die warme Hirse in Schüsseln und servieren Sie sie sofort. Sie können zusätzlich etwas Milch darübergießen, wenn Sie eine cremigere Konsistenz wünschen.

Amaranth-Apfel-Bowl

2 Port. 25 Min. Leicht

Zutaten

100 g Amaranth
250 ml Milch (oder pflanzliche Alternative, z. B. Mandel- oder Hafermilch)
150 ml Wasser
1 Apfel
1 TL Honig oder Ahornsirup (optional)
½ TL Zimt
1 TL Butter oder Kokosöl
1 Prise Salz

Nährwerte p. P.

360 kcal, 56 g kh, 8 g Fett, 11 g Eiweiß

1 Spülen Sie den Amaranth in einem feinen Sieb unter heißem Wasser ab. Geben Sie ihn mit Milch, Wasser und einer Prise Salz in einen Topf. Bringen Sie alles zum Kochen, reduzieren Sie die Hitze und lassen Sie den Amaranth bei niedriger Temperatur etwa 20 Minuten köcheln, bis er weich und leicht cremig ist. Rühren Sie zwischendurch gelegentlich um, damit nichts anbrennt.

2 Während der Amaranth gart, waschen Sie den Apfel und schneiden ihn in kleine Würfel. Erhitzen Sie die Butter oder das Kokosöl in einer kleinen Pfanne und dünsten Sie die Apfelstücke 3-4 Minuten an, bis sie leicht weich sind. Geben Sie Zimt und optional Honig oder Ahornsirup dazu.

3 Rühren Sie die warmen Apfelstücke unter den gekochten Amaranth oder geben Sie sie als Topping darüber.

4 Servieren Sie das Amaranth-Porridge warm. Wenn Sie es flüssiger mögen, können Sie vor dem Servieren noch etwas Milch hinzufügen.

Granola-Feigen-Bowl

2 Port. 10 Min. Leicht

Zutaten

- 400 g griechischer Joghurt
- 2 frische Feigen
- 1 Pfirsich
- 1 kleiner Apfel
- 80 g Heidelbeeren
- 4 EL Knuspermüsli oder Granola
- 2 EL Pekannüsse oder Walnüsse
- 1 TL Honig oder Ahornsirup (optional)
- einige frische Minzblätter zum Garnieren

Nährwerte p. P.

410 kcal, 44 g kh,
18 g Fett, 17 g Eiweiß

1 Verteilen Sie den Joghurt gleichmäßig auf zwei Schüsseln.

2 Waschen Sie die Feigen, den Pfirsich, den Apfel und die Beeren gründlich. Schneiden Sie die Feigen in Viertel, den Pfirsich in Spalten und den Apfel in dünne Scheiben.

3 Geben Sie das Obst auf den Joghurt. Verteilen Sie anschließend das Granola und die Pekannüsse darüber.

4 Träufeln Sie nach Belieben etwas Honig oder Ahornsirup über die Bowl und garnieren Sie sie mit frischen Minzblättern.

5 Servieren Sie die Bowl sofort, damit das Granola schön knusprig bleibt.

Pfirsich-Mandel-Bowl

2 Port. 5 Min. Leicht

Zutaten

400 g Mandelghurt
2 reife Pfirsiche
6 EL Haferflocken oder Knuspermüsli
2 EL ganze Mandeln
1 TL Honig oder Ahornsirup (optional)

Nährwerte p. P.

360 kcal, 40 g kh,
14 g Fett, 17 g Eiweiß

1 Waschen Sie die Pfirsiche, entkernen Sie sie und schneiden Sie sie in kleine Würfel.

2 Verteilen Sie den Mandelghurt gleichmäßig auf zwei Schüsseln. Geben Sie die Haferflocken darauf und legen Sie die Pfirsichstücke darüber.

3 Fügen Sie die Mandeln hinzu und träufeln Sie nach Belieben etwas Honig oder Ahornsirup über die Bowl.

4 Servieren Sie die Bowl sofort, damit die Haferflocken schön knackig bleiben. Wenn Sie eine weichere Konsistenz bevorzugen, lassen Sie die Bowl einige Minuten stehen, bevor Sie sie genießen.

Milchreis-Beeren-Bowl

4 Port. 30 Min. Leicht

Zutaten

200 g Rundkornreis (Milchreis)
1 l Milch
2 EL Zucker
1 TL Vanilleextrakt
1 Prise Salz
4 TL Kokosflocken
400 g Beeren nach Wahl
4 TL Honig
etwas Minze

Nährwerte p. P.

367 kcal, 64 g kh, 7 g Fett, 11 g Eiweiß

1 Geben Sie den Reis in einen mittelgroßen Topf, fügen Sie die Milch hinzu und rühren Sie gründlich um. Stellen Sie den Topf auf mittlere Hitze und rühren Sie regelmäßig um, damit der Reis nicht am Topfboden anhaftet. Fügen Sie den Zucker, das Vanilleextrakt und die Prise Salz hinzu und rühren Sie erneut um.

2 Erhitzen Sie die Mischung langsam, bis sie köchelt. Reduzieren Sie die Hitze dann auf niedrige Stufe und lassen Sie den Milchreis unter gelegentlichem Rühren für 20-25 Minuten weich und cremig köcheln.

3 Nehmen Sie den Topf vom Herd, sobald der Milchreis die gewünschte Konsistenz erreicht hat. Rühren Sie noch einmal gründlich um. Verteilen Sie den Milchreis gleichmäßig auf vier Servierschalen. Garnieren Sie diese mit den Beeren und der Minze und streuen Sie die Kokosflocken darüber. Beträufeln Sie jede Bowl mit 1 TL Honig. Servieren Sie die Milchreis-Bowls sofort, solange sie warm und cremig sind.

Süßkartoffel-Spinat-Bowl

4 Port. 30 Min. Leicht

Zutaten

2 große Süßkartoffeln
4 Eier
2 Avocados
200 g frischer Babyspinat
3 EL Olivenöl
1 TL Paprikapulver
½ TL Salz
½ TL Pfeffer
1 TL Zitronensaft
Salz, Pfeffer und Paprikapulver zum Bestreuen

Nährwerte p. P.

364 kcal, 33 g kh,
22 g Fett, 14 g Eiweiß

1 Backofen auf 200 °C Ober-/Unterhitze vorheizen. Ein Backblech mit Backpapier auslegen.

2 Süßkartoffeln waschen, würfeln, in eine Schüssel geben und 1 EL Öl, 1 TL Paprikapulver sowie je ½ TL Salz und Pfeffer darin vermischen. Süßkartoffeln auf dem Blech verteilen und 25-30 Minuten backen, nach der Hälfte der Backzeit wenden.

3 1 EL Öl in einer Pfanne erhitzen, Eier darin aufschlagen und 3-5 Minuten zu Spiegeleiern braten, diese anschließend auf einen Teller legen.

4 Avocados längs in 2 Hälften schneiden, von Kernen befreien, Fruchtfleisch mit einem Löffel herausnehmen und in dünne Scheiben schneiden. Diese mit Zitronensaft beträufeln. Babyspinat waschen, in einem Sieb abtropfen lassen und würfeln.

5 Süßkartoffeln auf 4 Servierschalen verteilen, Spinat zufügen und umrühren. Spiegelei und Avocadoscheiben auflegen, mit Öl beträufeln und mit Salz, Pfeffer und Paprikapulver bestreuen.

Salad-Bowls

Garnelensalat-Bowl

4 Port. 20 Min. Leicht

Zutaten

- 200 g Garnelen (geschält und entdarmt)
- 2 Avocados
- 1 große Salatgurke
- 3 EL Olivenöl
- ½ TL Salz
- ½ TL Pfeffer
- 1 TL Knoblauchpulver
- 1 TL Paprikapulver
- Salz und Pfeffer nach Geschmack
- Zitronensaft zum Beträufeln

Nährwerte p. P.

280 kcal, 9 g kh,
23 g Fett, 18 g Eiweiß

1 Erhitzen Sie 1 EL Olivenöl in einer Pfanne bei mittlerer Hitze. Geben Sie die Garnelen hinzu und bestreuen Sie sie mit Knoblauchpulver, Paprikapulver, Salz und Pfeffer. Braten Sie die Garnelen für 2-3 Minuten auf jeder Seite, bis sie eine rosa Farbe annehmen. Nehmen Sie die Garnelen aus der Pfanne und legen Sie sie auf einen Teller.

2 Waschen Sie die Gurke gründlich unter fließendem Wasser. Schneiden Sie die Gurke längs in Viertel und anschließend in Würfel. Schneiden Sie die Avocados längs auf und entfernen Sie jeweils den Kern. Lösen Sie das Fruchtfleisch mit einem Löffel heraus und schneiden Sie es ebenfalls in Würfel.

3 Verteilen Sie die Garnelen, die Gurke und die Avocado gleichmäßig auf 4 Servierschalen und rühren Sie gut um. Beträufeln Sie jede Bowl mit dem restlichen Öl, würzen Sie mit Salz und Pfeffer nach und fügen Sie noch ein paar Tropfen Zitronensaft hinzu.

Obstsalat-Bowl

4 Port. 20 Min. Leicht

Zutaten

200 g Heidelbeeren
2 Bananen
200 g Erdbeeren
2 Kiwis
1 Orange
2 EL Zitronensaft
2 EL Honig

Nährwerte p. P.

174 kcal, 44 g kh,
0 g Fett, 2 g Eiweiß

1 Heidelbeeren in ein Sieb füllen, unter kaltem Wasser abwaschen und abtropfen lassen. Bananen schälen und in gleichmäßige Scheiben schneiden. Erdbeeren unter kaltem Wasser abspülen und auf ein Küchentuch legen. Das grüne Blattwerk mit einem Messer entfernen und Erdbeeren in Hälften oder Viertel schneiden.

2 Schälen Sie die Kiwis und schneiden Sie sie in gleichmäßige Scheiben oder Würfel. Entfernen Sie die Schale der Orange und schneiden Sie die Filets vorsichtig mit einem Messer zwischen den Trennhäuten heraus. Schneiden Sie die Stücke in Würfel.

3 Geben Sie das ganze geschnittene Obst in eine Schüssel und träufeln Sie den Zitronensaft darüber. Anschließend geben Sie noch den Honig hinzu und mischen den Salat mit einem Löffel vorsichtig durch.

4 Verteilen Sie den Obstsalat gleichmäßig auf 4 Servierschalen und servieren Sie ihn sofort.

Rote-Beete-Salat-Bowl

4 Port. 30 Min. Leicht

Zutaten

600 g frische Rote Beete
4 frische Petersilienblätter für die Garnitur
Wasser zum Kochen

Für das Dressing:

1 EL Zitronensaft
2 EL Olivenöl
½ TL Salz
¼ TL Pfeffer
1 TL Zucker
200 g Granatapfelkerne
1 kleines Bund Petersilie

Nährwerte p. P.

150 kcal, 31 g kh,
7 g Fett, 4 g Eiweiß

1 Einen großen Topf mit Wasser zum Kochen bringen. Rote Beete hineingeben und für ca. 25 Minuten bei mittlerer Hitze weich kochen. Kochwasser abgießen und Knollen 5 Minuten abkühlen lassen. Danach Rote-Beete-Knollen unter kaltes Wasser halten und Schale mit den Fingern oder einem Küchentuch vorsichtig abreiben. Rote Beete in mundgerechte Würfel schneiden und diese in eine große Schüssel geben.

2 Petersilie waschen, trocken schütteln und fein hacken.

3 Zitronensaft in eine kleine Schüssel geben. Olivenöl, Zucker, gehackte Petersilie, Granatapfelkerne, Salz und Pfeffer zufügen. Dressing kräftig umrühren, bis alle Zutaten gut vermischt sind, und über die Rote Beete gießen. Salat vorsichtig durchmischen.

4 Rote-Beete-Salat auf 4 Servierschalen verteilen und mit Petersilienblättern garnieren.

Quinoasalat-Bowl

4 Port. 30 Min. Leicht

Zutaten

200 g Quinoa
200 g Mais aus der Dose
100 g Rucola
100 g Cherrytomaten
1 rote Zwiebel
Wasser zum Kochen

Für das Dressing:

1 EL Zitronensaft
2 EL Olivenöl
½ TL Salz
¼ TL Pfeffer
1 TL Honig

Nährwerte p. P.

320 kcal, 46 g kh,
12 g Fett, 8 g Eiweiß

1 Geben Sie die Quinoa in ein Sieb und spülen Sie sie unter kaltem Wasser gründlich ab. Anschließend bereiten Sie die Quinoa nach Packungsanweisung zu.

2 Gießen Sie den Mais in ein Sieb und lassen Sie ihn abtropfen. Waschen Sie den Rucola und die Tomaten. Halbieren Sie die Tomaten. Schälen Sie die Zwiebel und schneiden Sie diese in dünne Streifen.

3 Geben Sie den Zitronensaft in eine kleine Schüssel. Fügen Sie das Olivenöl, den Honig, das Salz und den Pfeffer hinzu. Rühren Sie das Dressing kräftig um, bis alle Zutaten gut vermischt sind, und gießen Sie es über die Quinoa. Mischen Sie das Ganze vorsichtig durch.

4 Verteilen Sie den Quinoasalat gleichmäßig auf vier Servierschalen und garnieren Sie mit Mais, Rucola, Tomaten und Zwiebeln. Servieren Sie die Quinoasalat-Bowls sofort.

Feta-Tomaten-Salat-Bowl

4 Port. 20 Min. Leicht

Zutaten

400 g grüner Salat
400 g Kirschtomaten
1 rote Zwiebel
200 g Feta-Käse
100 g schwarze Oliven
1 Salatgurke

Für das Dressing:

6 EL Olivenöl
2 EL Rotweinessig
2 TL Ahornsirup
2 TL Dijon-Senf
1 TL Oregano, getrocknet
Salz & Pfeffer

Nährwerte p. P.

380 kcal, 12 g kh,
32 g Fett, 13 g Eiweiß

1 Waschen Sie den grünen Salat, schleudern Sie ihn trocken und zupfen Sie ihn in mundgerechte Stücke.

2 Halbieren Sie die Kirschtomaten. Schneiden Sie die Gurke in kleine Würfel. Schälen Sie die rote Zwiebel und schneiden Sie sie in feine Ringe. Würfeln oder zerbröseln Sie den Feta-Käse. Falls die Oliven Steine haben, entsteinen Sie diese nach Bedarf.

3 Geben Sie das Olivenöl, den Essig, den Ahornsirup, den Senf und den Oregano in eine kleine Schüssel. Würzen Sie das Dressing mit Salz und Pfeffer und vermischen Sie alles gut.

4 Geben Sie den vorbereiteten Salat in eine große Schüssel. Verteilen Sie die Tomaten, Gurkenwürfel, Zwiebelringe und Oliven darüber. Streuen Sie den Feta-Käse über den Salat. Gießen Sie das Dressing über den Salat und vermengen Sie alle Zutaten vorsichtig miteinander.

Paprika-Avocado-Salat-Bowl

4 Port. 20 Min. Leicht

Zutaten

1 kleiner Kopf Lollo Rosso
2 Paprika, rot + gelb
1 kleine Salatgurke
1 Avocado
200 g Feta
150 g Kirschtomaten
80 g Pinienkerne

Für das Dressing:

1 EL Zitronensaft
3 EL Olivenöl
1 TL Senf
½ TL Salz & ¼ TL Pfeffer
1 TL Zucker

Nährwerte p. P.

*385 kcal, 15 g kh,
30 g Fett, 12 g Eiweiß*

1 Salat waschen, in mundgerechte Stücke zupfen und in eine große Schüssel geben.

2 Paprika waschen, der Länge nach aufschneiden, vom Kerngehäuse befreien und in feine Streifen schneiden. Gurke waschen und in dünne Scheiben schneiden. Kirschtomaten waschen und vierteln. Avocado aufschneiden, vom Kern befreien und würfeln. Paprika, Gurke, Tomaten und Avocado zum Salat geben.

3 Feta zerbröseln und ebenfalls zum Salat geben.

4 Zitronensaft in eine kleine Schüssel geben, Olivenöl, Senf, Salz, Pfeffer und Zucker zufügen und alles gut verrühren. Dressing über den Salat gießen und gründlich unterrühren.

5 Bunten Salat auf 4 Servierschalten verteilen und mit Pinienkernen bestreuen.

Bohnensalat-Bowl

4 Port. 20 Min. Leicht

Zutaten

200 g grüne Bohnen
200 g weiße Bohnen aus der Dose
200 g rote Bohnen aus der Dose
200 g Kirschtomaten
1 kleine rote Zwiebel
Wasser zum Kochen

Für das Dressing:

1 EL Zitronensaft
2 EL Olivenöl
1 TL Senf & ½ TL Honig
½ TL Salz & ¼ TL Pfeffer

Nährwerte p. P.

220 kcal, 30 g kh,
10 g Fett, 7 g Eiweiß

1 Grüne Bohnen in einem Topf in Wasser 8-10 Minuten bissfest kochen, in ein Sieb abgießen, mit kaltem Wasser abspülen und in eine große Schüssel geben.

2 Weiße und rote Bohnen in ein Sieb gießen, abspülen, abtropfen lassen und zu den grünen Bohnen geben.

3 Kirschtomaten waschen, mit einem Küchentuch trocknen, in Hälften schneiden und zu den Bohnen geben.

4 Zwiebel schälen, würfeln und zu Bohnen und Tomaten geben.

5 Zitronensaft in eine kleine Schüssel geben, Öl, Senf, Salz, Pfeffer und Honig zufügen, gründlich verrühren und über den Salat gießen. Dressing gleichmäßig unter den Salat rühren.

6 Bohnensalat auf 4 Servierschalten verteilen und sofort servieren.

Wassermelonen-Fetasalat-Bowl

4 Port. 20 Min. Leicht

Zutaten

500 g Wassermelone
1 Salatgurke
200 g Feta-Käse
4 Minzblätter für die Garnitur

Für das Dressing:

1 EL Limettensaft
2 EL Olivenöl
½ TL Salz
¼ TL Pfeffer
1 TL Honig

Nährwerte p. P.

180 kcal, 14 g kh,
14 g Fett, 6 g Eiweiß

1 Wassermelone halbieren, Schale entfernen, Fruchtfleisch würfeln und in eine groß Schüssel geben.

2 Gurke waschen, mit einem Küchentuch trocknen, von Enden befreien und zuerst in Scheiben und diese in Viertel schneiden. Gurkenviertel zur Wassermelone geben.

3 Feta würfeln und ebenfalls zur Wassermelone geben.

4 Limettensaft in eine kleine Schüssel geben, Öl, Honig, Salz und Pfeffer zufügen und alles zu einem Dressing verrühren, dieses dann unter den Salat rühren.

5 Salat auf 4 Servierschalen verteilen, jeweils 1 gewaschenes Minzblatt auflegen und sofort servieren.

Kartoffelsalat-Bowl

4 Port. 30 Min. Leicht

Zutaten

800 g festkochende Kartoffeln
1 rote Zwiebel
1 Salatgurke
1 kleines Bund Petersilie für die Garnitur
Wasser zum Kochen

Für das Dressing:

1 EL Zitronensaft
3 EL Olivenöl
1 TL Senf
½ TL Salz & ¼ TL Pfeffer
1 TL Zucker & 1 EL Essig

Nährwerte p. P.

275 kcal, 39 g kh, 13 g Fett, 5 g Eiweiß

1 Kartoffeln in einem großen Topf in Wasser 20 Minuten köcheln lassen. Kochwasser abgießen und Kartoffeln 5 Minuten abkühlen lassen. Kartoffeln schälen, würfeln und in eine große Schüssel geben.

2 Zwiebel schälen, würfeln und zu den Kartoffeln geben. Gurke waschen, mit einem Küchentuch trocknen, von Enden befreien, würfeln und ebenfalls zu den Kartoffeln geben. Petersilie waschen, trocken schütteln und einzelne Blätter abzupfen.

3 Zitronensaft in eine kleine Schüssel geben, mit Öl, Essig, Senf, Salz, Pfeffer und Zucker verrühren und Dressing über den Salat gießen. Mit 2 Löffeln vorsichtig durchmischen, sodass der Salat gleichmäßig mit Dressing bedeckt ist.

4 Kartoffelsalat auf 4 Servierschalen verteilen, mit Petersilie garnieren und sofort servieren.

Birnensalat-Bowl

4 Port. 20 Min. Leicht

Zutaten

2 große Birnen
1 kleiner Kopf Eisbergsalat
3 Stangen Stangensellerie
2 EL schwarzer Sesam
etwas Zitronensaft für die Birnen

Für das Dressing:

1 EL Zitronensaft
2 EL Olivenöl
½ TL Salz
¼ TL Pfeffer
1 TL Zucker

Nährwerte p. P.

145 kcal, 21 g kh,
9 g Fett, 2 g Eiweiß

1 Eisbergsalat halbieren, von Strunk befreien und in dünne Scheiben schneiden. Diese waschen, in einem Sieb abtropfen lassen und in eine große Schüssel geben.

2 Selleriestangen waschen, mit einem Küchentuch trocknen, von Enden befreien, in dünne Scheiben schneiden und zum Eisbergsalat in die Schüssel geben.

3 Birnen waschen, mit einem Küchentuch trocknen, der Länge nach in Viertel schneiden und Kerngehäuse entfernen. Birnenviertel in dünne Scheiben schneiden, in eine kleine Schüssel geben und mit Zitronensaft beträufeln.

4 Olivenöl in eine kleine Schüssel geben und mit 1 EL Zitronensaft, Zucker, Salz und Pfeffer zu einem Dressing verrühren. Dieses über den Salat gießen und alles vorsichtig durchmischen.

5 Salat auf 4 Servierschalen verteilen, Birnenscheiben auflegen, Sesam darüberstreuen und sofort servieren.

Romanasalat-Bowl

4 Port. 25 Min. Leicht

Zutaten

1 Kopf Romanasalat
1 Handvoll Feldsalat
½ Salatgurke
1 kleine gelbe Paprika
1 Avocado
1 kleine Zucchini
2 Frühlingszwiebeln
150 g Kirschtomaten

Für das Dressing:

1 EL Zitronensaft
3 EL Olivenöl
je 1 TL Senf & Honig
½ TL Salz & ¼ TL Pfeffer

Nährwerte p. P.

180 kcal, 12 g kh,
15 g Fett, 3 g Eiweiß

1 Strunk vom Romanasalat entfernen und in Stücke schneiden. Salatblätter waschen, abtropfen lassen und in eine große Schüssel geben.

2 Feldsalat waschen und abtropfen lassen. Gurke waschen, mit einem Küchentuch trocknen, von Enden befreien und in Scheiben schneiden. Paprika waschen, der Länge nach aufschneiden, von Kerngehäuse befreien und in Streifen schneiden. Feldsalat, Gurken und Paprika zum Salat geben.

3 Avocado halbieren, vom Kern befreien, Fruchtfleisch herauslöffeln und würfeln. Zucchini waschen, in Scheiben schneiden und diese halbieren. Frühlingszwiebeln waschen und in Ringe schneiden. Tomaten waschen, halbieren und mit Avocado, Zucchini und Frühlingszwiebeln ebenfalls zum Salat geben.

4 Zitronensaft mit Öl, Senf, Salz, Pfeffer und Honig zu einem Dressing verrühren, dieses über den Salat geben und alles gründlich vermischen. Salat auf 4 Servierschalen verteilen und sofort servieren.

Kohlsalat-Bowl

4 Port. 20 Min. Leicht

Zutaten

½ Kopf Weißkohl
3 Karotten
2 Tomaten
1 rote Paprika
1 grüne Paprika
1 kleine Zwiebel
1 TL gehackter Schnittlauch für die Garnitur

Für das Dressing:

2 EL Zitronensaft
2 EL Olivenöl
½ TL Salz & ¼ TL Pfeffer
1 TL Zucker

Nährwerte p. P.

95 kcal, 20 g kh, 6 g Fett, 2 g Eiweiß

1 Weißkohl abspülen, halbieren, vom Strunk befreien, in feine Streifen schneiden und in eine große Schüssel geben.

2 Karotten waschen, schälen und in dünne Streifen schneiden. Tomaten waschen und in Viertel schneiden. Kerne entfernen, wenn eine weniger saftige Konsistenz gewünscht ist. Tomaten dann in Streifen schneiden und mit den Karotten zum Weißkohl geben.

3 Paprika waschen, von Deckel und Kerngehäuse befreien und in Streifen schneiden. Zwiebel schälen, ebenfalls in Streifen schneiden und mit Paprika zum Weißkohl geben.

4 Schnittlauch waschen, trocken schütteln und in kleine Röllchen schneiden.

5 Zitronensaft in einer kleinen Schüssel mit Öl, Salz, Pfeffer und Zucker zu einem Dressing verrühren. Dieses über den Salat gießen und alles gründlich vermengen. Salat auf 4 Servierschalen verteilen und Schnittlauch darüberstreuen.

Ziegenkäse-Aprikosen-Bowl

2 Port. 20 Min. Leicht

Zutaten

- 4 Ziegenkäsetaler (z. B. aus der Rolle, je ca. 40 g)
- 4 frische Aprikosen
- 1 Handvoll Himbeeren
- 1 Handvoll Heidelbeeren
- 2 Handvoll Feldsalat
- 6-8 Pekannüsse
- 1 EL Sonnenblumenkerne
- 1 TL Sprossen (z. B. Alfalfa)
- 1 EL flüssiger Honig
- 1 TL Zitronensaft
- 1 EL Olivenöl
- Pfeffer aus der Mühle

Nährwerte p. P.

420 kcal, 22 g kh,
28 g Fett, 16 g Eiweiß

1 Feldsalat gründlich waschen und auf 2 Schüsseln verteilen.

2 Eine Pfanne leicht vorheizen, Ziegenkäsetaler hineinlegen und 1-2 Minuten pro Seite erhitzen, bis sie leicht warm und cremig sind – sie sollen ihre Form behalten.

3 Aprikosen waschen, halbieren, Steine entfernen und in Scheiben schneiden. Aprikosen mit Himbeeren und Heidelbeeren auf den Salat geben.

4 Pekannüsse und Sonnenblumenkerne in einer kleinen Pfanne ohne Fett 2-3 Minuten rösten, bis sie duften, und über die Bowls streuen.

5 Warme Ziegenkäsetaler auf den Salat legen und mit etwas Honig beträufeln.

6 Olivenöl, Zitronensaft und Pfeffer zu einem einfachen Dressing mischen und über die Bowls träufeln. Alles mit Sprossen garnieren und lauwarm servieren.

Spinat-Pilz-Bowl mit Ei & Bacon

2 Port. 25 Min. Leicht

Zutaten

- 2 Eier
- 200 g Champignons oder andere Pilze nach Wahl
- 2 Handvoll frischer Babyspinat
- 4 Scheiben Bacon
- ½ rote Zwiebel
- 1 EL Olivenöl
- 1 TL Balsamico-Essig
- Salz und Pfeffer nach Geschmack

Nährwerte p. P.

370 kcal, 8 g kh,
27 g Fett, 22 g Eiweiß

1 Eier in leicht gesalzenem Wasser etwa 8 Minuten kochen, bis sie hart, aber noch zart im Inneren sind. Unter kaltem Wasser abschrecken, pellen und halbieren.

2 Pilze putzen und in Scheiben schneiden. Olivenöl in einer Pfanne erhitzen und Pilze bei mittlerer Hitze 5-7 Minuten braten, bis sie goldbraun und aromatisch sind. Mit Salz und Pfeffer würzen.

3 Bacon in einer separaten Pfanne ohne zusätzliches Fett braten, bis er knusprig ist. Kurz auf Küchenpapier abtropfen lassen und in Stücke schneiden.

4 Zwiebel in feine Streifen schneiden.

5 Babyspinat auf 2 Schüsseln verteilen und Pilze, Zwiebeln, Bacon und Eierhälften darübergeben.

6 Bowls mit etwas Balsamico-Essig beträufeln, mit Salz und Pfeffer würzen und lauwarm oder kalt servieren.

Kürbis-Feta-Bowl mit Trauben

2 Port. 30 Min. Leicht

Zutaten

- 300 g Hokkaido-Kürbis
- 2 Handvoll Babyspinat
- ½ rote Zwiebel
- 1 Handvoll kernlose rote Trauben
- 80 g Fetakäse
- 1 Handvoll Kürbiskerne
- 6 Cherrytomaten
- 1 EL Olivenöl
- 1 TL Honig
- 1 TL Balsamico-Essig
- Salz und Pfeffer
- frische Kräuter

Nährwerte p. P.

420 kcal, 32 g kh, 25 g Fett, 15 g Eiweiß

1 Heizen Sie den Backofen auf 200 °C Ober-/Unterhitze vor. Schneiden Sie den Kürbis in dünne Spalten. Legen Sie ihn auf ein mit Backpapier ausgelegtes Blech, beträufeln Sie ihn mit etwas Olivenöl, Honig, Salz und Pfeffer. Backen Sie die Kürbisspalten etwa 20 Minuten, bis sie weich und leicht karamellisiert sind.

2 Schneiden Sie währenddessen die Zwiebel in feine Ringe und die Cherrytomaten in Hälften.

3 Verteilen Sie den Babyspinat auf zwei Schüsseln. Geben Sie die gebackenen Kürbisspalten, die Zwiebelringe, die Trauben und die Tomaten darüber.

4 Zerbröckeln Sie den Feta über die Bowl und bestreuen Sie sie nach Belieben mit frischen Kräutern sowie Kürbiskernen.

5 Mischen Sie Balsamico-Essig mit etwas Olivenöl zu einem leichten Dressing und träufeln Sie es über die Bowls.

Brokkoli-Spinat-Bowl mit Avocado

2 Port. 20 Min. Leicht

Zutaten

1 kleine Avocado
150 g Brokkoli
2 Handvoll Babyspinat
100 g grüne Erbsen
½ kleine Zucchini
1 EL Zitronensaft
1 EL Olivenöl
Salz und Pfeffer

Optional für das Dressing:

2 EL Joghurt, natur
1 TL Zitronensaft
1 TL Olivenöl
1 Prise Knoblauchpulver

Nährwerte p. P.

310 kcal, 16 g kh,
22 g Fett, 10 g Eiweiß

1 Putzen Sie den Brokkoli und teilen Sie ihn in kleine Röschen. Kochen Sie ihn in leicht gesalzenem Wasser oder garen Sie ihn im Dampf für 4-5 Minuten, bis er bissfest ist. Geben Sie in den letzten 2 Minuten die Erbsen dazu. Kurz abgießen und mit kaltem Wasser abschrecken, damit das Gemüse seine grüne Farbe behält.

2 Waschen Sie den Spinat gründlich und schleudern Sie ihn trocken. Schneiden Sie die Zucchini mit einem Sparschäler in feine Streifen. Halbieren Sie die Avocado, entfernen Sie den Kern und schneiden Sie das Fruchtfleisch in Scheiben.

3 Verteilen Sie den Spinat als Basis auf 2 Schüsseln. Geben Sie Brokkoli, Erbsen, Zucchinistreifen und Avocado darauf. Beträufeln Sie alles mit Zitronensaft und Olivenöl und würzen Sie mit Salz und Pfeffer.

4 Wenn Sie ein cremigeres Ergebnis wünschen, verrühren Sie die Zutaten für das Dressing und träufeln es über die Bowl.

Tomaten-Burrata-Bowl

2 Port. 15 Min. Leicht

Zutaten

250 g bunte Cherrytomaten (rot, gelb, orange)
1 Burrata
1 EL natives Olivenöl extra
½ Bio-Zitrone (Abrieb und etwas Saft)
1 TL grober schwarzer Pfeffer
½ TL grobes Meersalz
1 TL schwarze oder bunte Pfefferkörner, grob zerstoßen (optional)
frische Basilikumblätter

Nährwerte p. P.

420 kcal, 10 g kh,
33 g Fett, 17 g Eiweiß

1 Waschen Sie die Tomaten und schneiden Sie sie je nach Größe in Hälften oder Viertel. Geben Sie sie in eine Schüssel.

2 Beträufeln Sie die Tomaten mit Olivenöl, etwas Zitronensaft, Salz und Pfeffer. Vermengen Sie alles vorsichtig, damit sich das Öl und der Zitronensaft gleichmäßig verteilen.

3 Geben Sie die Tomatenmischung in zwei Bowls oder auf einen Teller.

4 Setzen Sie die Burrata in die Mitte. Streuen Sie den Zitronenabrieb über die Burrata und garnieren Sie die Bowls mit frischen Basilikumblättern.

5 Träufeln Sie kurz vor dem Servieren noch etwas Olivenöl darüber und würzen Sie nach Geschmack mit zusätzlichem Pfeffer.

Tipp: Diese Bowl schmeckt besonders gut mit frischem Baguette oder Ciabatta.

Salatdressings

Senf-Dressing

4 Port. 10 Min. Leicht

Zutaten

- 2 EL mittelscharfer Senf
- 1 EL Dijon-Senf
- 2 EL Honig
- 3 EL Weißweinessig
- 6 EL Olivenöl
- ½ TL Salz
- ½ TL schwarzer Pfeffer (frisch gemahlen)
- 1 kleine Knoblauchzehe

Nährwerte p. P.

110 kcal, 5 g kh,
10 g Fett, 1 g Eiweiß

1 Schälen Sie die Knoblauchzehe und hacken Sie sie sehr fein.

2 Geben Sie den mittelscharfen Senf und den Dijon-Senf in eine kleine Schüssel. Fügen Sie Honig sowie Weißweinessig hinzu. Rühren Sie die Mischung mit einer Gabel oder einem kleinen Schneebesen kräftig um, bis sich alle Zutaten gut verbunden haben.

3 Anschließend geben Sie das Olivenöl in kleinen Mengen nach und nach zur Mischung. Rühren Sie währenddessen kontinuierlich, damit sich das Öl gut mit den anderen Zutaten verbindet und eine cremige Konsistenz entsteht.

4 Fügen Sie Salz, Pfeffer und Knoblauch hinzu und rühren Sie nochmals gründlich um. Lassen Sie das Dressing für 2-3 Minuten ziehen.

5 Verwenden Sie das Senf-Dressing sofort oder füllen Sie es in ein kleines Glas mit Deckel. Lagern Sie das Dressing im Kühlschrank und rühren Sie es vor dem Servieren nochmals gut um.

Honig-Thymian-Dressing

4 Port. 5 Min. Leicht

Zutaten

- 4 EL Honig
- 1 TL frischer oder getrockneter Thymian
- 2 EL Olivenöl
- 1 EL Zitronensaft
- ½ TL schwarzer Pfeffer (frisch gemahlen)
- ½ TL Salz

Nährwerte p. P.

90 kcal, 24 g kh,
3 g Fett, 0 g Eiweiß

1 Geben Sie den Honig in eine kleine Schüssel und fügen Sie das Olivenöl und den Zitronensaft hinzu. Rühren Sie die Mischung mit einer Gabel oder einem kleinen Schneebesen kräftig um, bis eine gleichmäßige Konsistenz entsteht.

2 Geben Sie den Thymian, den schwarzen Pfeffer und das Salz hinzu und verrühren Sie das Ganze erneut, damit sich alle Zutaten gut miteinander verbinden. Lassen Sie das Dressing 2 Minuten ziehen.

3 Verwenden Sie das Dressing sofort oder füllen Sie es in ein kleines Glas mit Deckel. Lagern Sie das Dressing im Kühlschrank, falls Sie es später verwenden möchten. Rühren Sie vor dem Servieren erneut gut um.

Joghurt-Schnittlauch-Dressing

4 Port. 10 Min. Leicht

Zutaten

- 200 g Joghurt
- 3 EL Olivenöl
- 2 EL Zitronensaft
- ½ TL Salz
- ½ TL Pfeffer
- 1 TL Senf (mittelscharf oder Dijon)
- 1 kleine Knoblauchzehe
- 2 EL fein gehackter frischer Schnittlauch

Nährwerte p. P.

*130 kcal, 4 g kh,
11 g Fett, 3 g Eiweiß*

1 Spülen Sie den Schnittlauch unter kaltem Wasser ab und tupfen Sie ihn mit einem Küchentuch trocken. Schneiden Sie ihn in kleine Röllchen. Schälen Sie die Knoblauchzehe und schneiden Sie sie fein.

2 Geben Sie den Joghurt in eine kleine Schüssel. Fügen Sie das Olivenöl und den Zitronensaft hinzu. Rühren Sie die Mischung mit einer Gabel oder einem kleinen Schneebesen kräftig um, bis eine gleichmäßige Konsistenz entsteht.

3 Geben Sie das Salz, den Senf, den Knoblauch und den Pfeffer in die Schüssel. Rühren Sie alle Zutaten gründlich um, bis sich die Gewürze gut verteilt haben. Anschließend geben Sie den Schnittlauch in das Dressing. Vermengen Sie die Zutaten erneut gründlich und lassen Sie das Dressing dann für 2-3 Minuten ziehen.

4 Verwenden Sie das Joghurt-Dressing sofort oder füllen Sie es in ein kleines Glas mit Deckel. Lagern Sie das Dressing im Kühlschrank. Rühren Sie vor dem Servieren erneut gut um.

Mohn-Dressing

4 Port. 15 Min. Leicht

Zutaten

100 ml	Kokosmilch
2 EL	Mohn
2 EL	Olivenöl
1 EL	Zitronensaft
1 TL	Honig
½ TL	Salz
½ TL	schwarzer Pfeffer

Nährwerte p. P.

120 kcal, 3 g kh,
11 g Fett, 1 g Eiweiß

1 Geben Sie den Mohn in eine kleine beschichtete Pfanne. Rösten Sie ihn bei mittlerer Hitze für 2 Minuten an, bis er leicht duftet. Nehmen Sie die Pfanne vom Herd und lassen Sie den Mohn für 1 Minute abkühlen.

2 Geben Sie die Kokosmilch in eine kleine Schüssel und fügen Sie das Olivenöl, den Honig und den Zitronensaft hinzu. Rühren Sie die Mischung mit einer Gabel oder einem kleinen Schneebesen kräftig um, bis eine gleichmäßige Konsistenz entsteht.

3 Geben Sie anschließend das Salz und den Pfeffer hinzu und verrühren Sie das Ganze erneut. Geben Sie dann den gerösteten Mohn hinzu und vermengen Sie die Zutaten gründlich.

4 Anschließend lassen Sie das Dressing 2 Minuten ziehen. Verwenden Sie das Mohn-Dressing sofort oder füllen Sie es in ein Glas mit Deckel. Lagern Sie das Dressing im Kühlschrank. Rühren Sie vor dem Servieren erneut gut um.

Orangen-Dressing

4 Port. 15 Min. Leicht

Zutaten

- 1 große Orange (100 ml Saft + 1 TL Abrieb)
- 2 EL Zitronensaft
- 4 EL Olivenöl
- 1 TL Honig
- 1 TL Senf (mittelscharf oder Dijon)
- ½ TL Salz
- ½ TL schwarzer Pfeffer
- ½ TL Mohn

Nährwerte p. P.

110 kcal, 5 g kh,
10 g Fett, 1 g Eiweiß

1 Waschen Sie die Orange unter warmem Wasser und reiben Sie mit einer Reibe 1 TL Orangenschale ab. Schneiden Sie die Orange in 2 Hälften. Pressen Sie die Orange aus, bis Sie etwa 100 ml Saft gewonnen haben.

2 Geben Sie den frisch gepressten Orangensaft in eine kleine Schüssel und fügen Sie den Zitronensaft, das Olivenöl, den Senf und den Honig hinzu. Rühren Sie die Mischung mit einer Gabel oder einem kleinen Schneebesen kräftig um, bis eine gleichmäßige Konsistenz entsteht.

3 Fügen Sie das Salz, den Pfeffer, den Mohn und die abgeriebene Orangenschale hinzu. Rühren Sie das Dressing erneut kräftig um. Lassen Sie das Dressing anschließend für 2-3 Minuten ziehen. Schmecken Sie das Dressing ab und passen Sie die Würzung nach Belieben an.

4 Verwenden Sie das Orangen-Dressing sofort oder füllen Sie es in ein Glas mit Deckel. Lagern Sie das Dressing im Kühlschrank. Rühren Sie vor dem Servieren erneut gut um.

Erdbeer-Dressing

4 Port. 15 Min. Leicht

Zutaten

150 g	frische Erdbeeren
2 EL	Olivenöl
2 EL	Balsamico-Essig
1 TL	Honig
1 EL	Mohn
½ TL	Salz
½ TL	schwarzer Pfeffer
1 TL	Zitronensaft

Nährwerte p. P.

80 kcal, 6 g kh, 6 g Fett, 1 g Eiweiß

1 Waschen Sie die Erdbeeren unter fließendem Wasser und tropfen Sie sie ab. Entfernen Sie die grünen Blätter, schneiden Sie die Beeren in kleine Stücke und geben Sie sie in eine Schüssel.

2 Geben Sie anschließend das Olivenöl, den Balsamico-Essig, den Honig, den Zitronensaft und den Mohn hinzu. Würzen Sie mit Salz und Pfeffer und pürieren Sie das Ganze mit einem Stabmixer, bis eine cremige Konsistenz erreicht ist. Falls das Dressing zu dick ist, geben Sie 1-2 EL Wasser hinzu und pürieren erneut. Falls das Dressing zu flüssig ist, fügen Sie eine weitere Erdbeere hinzu und pürieren erneut.

3 Lassen Sie das Dressing für 2-3 Minuten ziehen. Schmecken Sie es nochmals ab und passen Sie gegebenenfalls die Süße oder Säure an.

4 Verwenden Sie das Erdbeer-Dressing sofort oder füllen Sie es in ein Glas mit Deckel. Lagern Sie das Dressing im Kühlschrank. Rühren Sie vor dem Servieren erneut gut um.

Avocado-Dressing

4 Port. 15 Min. Leicht

Zutaten

- 1 reife Avocado
- 100 ml Wasser
- 2 EL Olivenöl
- 2 EL Zitronensaft
- 1 TL Honig
- ½ TL Salz
- ½ TL schwarzer Pfeffer
- 1 TL Dijon-Senf oder mittelscharfer Senf
- 1 kleine Knoblauchzehe

Nährwerte p. P.

*120 kcal, 5 g kh,
11 g Fett, 1 g Eiweiß*

1 Knoblauch schälen und klein schneiden. Avocado halbieren, vom Kern befreien, Fruchtfleisch herauslöffeln und in ein hohes Gefäß geben.

2 Wasser zur Avocado geben, Olivenöl, Zitronensaft, Honig, Salz, Senf, Knoblauch und Pfeffer zufügen und alles in einem Standmixer pürieren, bis eine cremige Konsistenz erreicht ist. Falls das Dressing zu dick ist, 1-2 EL zusätzliches Wasser zufügen und erneut pürieren.

3 Dressing 2-3 Minuten ziehen lassen, abschmecken und ggf. Würzung anpassen.

4 Avocado-Dressing sofort verwenden oder in ein Glas mit Deckel füllen, im Kühlschrank lagern und vor Gebrauch erneut gründlich umrühren.

Ingwer-Erdnuss-Dressing

4 Port. 20 Min. Leicht

Zutaten

- 3 EL Erdnussmus
- 1 EL Sojasoße
- 2 EL Limettensaft
- 1 EL Reisessig
- 1 TL Honig
- 1 TL frisch geriebener Ingwer
- 1 kleine Knoblauchzehe
- 2 EL Sesamöl
- 50 ml Wasser
- ½ TL Salz
- ½ TL schwarzer Pfeffer

Nährwerte p. P.

140 kcal, 5 g kh,
12 g Fett, 4 g Eiweiß

1 Knoblauch schälen und klein schneiden. Ingwer schälen und fein reiben.

2 Erdnussmus in eine kleine Schüssel geben und mit Sojasoße, Limettensaft, Reisessig und Honig verrühren. Ingwer, Knoblauch und Sesamöl zufügen, mit Salz und Pfeffer würzen und erneut kräftig rühren.

3 Nach und nach Wasser zufügen, währenddessen weiter rühren. Falls das Dressing zu dick ist, 1-2 EL zusätzliches Wasser zufügen und erneut rühren. Falls das Dressing zu dünn ist, etwas mehr Erdnussmus zufügen und glattrühren. Dressing für 2-3 Minuten ziehen lassen.

4 Dressing nochmals abschmecken und Würzung nach Belieben anpassen. Das Dressing kann sofort verwendet oder in einem Glas mit Deckel im Kühlschrank gelagert werden. In letzterem Fall vor Gebrauch erneut umrühren.

Scharfes Peperoni-Dressing

4 Port. 20 Min. Leicht

Zutaten

2 scharfe Peperoni	
200 g Joghurt	
2 EL Olivenöl	
1 EL Zitronensaft	
½ TL Salz	
½ TL schwarzer Pfeffer	
½ TL Honig	
1 kleine Knoblauchzehe	

Nährwerte p. P.

110 kcal, 5 g kh,
8 g Fett, 3 g Eiweiß

1 Knoblauch schälen und klein hacken.

2 Ofen auf 200 °C Ober-/Unterhitze vorheizen und ein Backblech mit Backpapier auslegen.

3 Peperoni waschen, auf das Backblech legen und 10-12 Minuten backen, bis die Haut Blasen wirft und leicht geschwärzt ist. Aus dem Ofen nehmen und 5 Minuten abkühlen lassen.

4 Joghurt in eine kleine Schüssel geben und mit Öl und Zitronensaft verrühren, bis eine gleichmäßige Konsistenz entsteht. Salz, Knoblauch, Honig und Pfeffer zufügen und erneut kräftig rühren.

5 Peperoni in ein hohes Gefäß geben, Dressing darübergießen und alles mit einem Stabmixer pürieren, bis eine cremige Konsistenz erreicht ist. Falls das Dressing zu dick ist, 1-2 EL Wasser oder etwas Zitronensaft zufügen und erneut pürieren.

6 Peperoni-Dressing sofort verwenden oder in einem Glas mit Deckel im Kühlschrank lagern und vor Gebrauch erneut gut umrühren.

Basilikum-Joghurt-Dressing

4 Port. 15 Min. Leicht

Zutaten

200 g Joghurt
2 EL Olivenöl
2 EL Limettensaft
1 TL Honig
1 TL Senf (mittelscharf oder Dijon)
½ TL Salz
½ TL schwarzer Pfeffer
1 kleine Knoblauchzehe
1 Bund frisches Basilikum

Nährwerte p. P.

*110 kcal, 4 g kh,
9 g Fett, 3 g Eiweiß*

1 Knoblauch schälen und klein schneiden. Basilikum waschen, trocken schütteln und Blätter in feine Streifen schneiden.

2 Joghurt in eine kleine Schüssel geben und mit Öl, Limettensaft und Honig verrühren. Senf, Salz, Knoblauch und Pfeffer zufügen und erneut kräftig umrühren.

3 Basilikumblätter zufügen und alles mit einem Stabmixer pürieren, allerdings nicht zu stark, sodass die Basilikumstücke im Dressing noch zu sehen sind. Dressing 2 Minuten ziehen lassen.

4 Basilikum-Joghurt-Dressing sofort verwenden oder in ein Glas mit Deckel füllen, im Kühlschrank lagern und vor Gebrauch noch einmal gründlich rühren.

Rosmarin-Knoblauch-Dressing

4 Port. 20 Min. Leicht

Zutaten

4 EL Olivenöl	
2 EL Weißweinessig	
1 TL Honig	
2 frische Rosmarinzweige	
2 Knoblauchzehen	
½ TL Salz	
½ TL schwarzer Pfeffer	

Nährwerte p. P.

110 kcal, 3 g kh,
11 g Fett, 0 g Eiweiß

1 Backofen auf 180 °C Ober-/Unterhitze vorheizen, ein Backblech mit Backpapier belegen und Knoblauchzehen darauf verteilen. Knoblauch 10 Minuten backen, anschließend 2 Minuten abkühlen lassen, aus der Schale drücken und beiseitestellen.

2 Rosmarin waschen, trocken schütteln, Nadeln von den Zweigen zupfen und diese so fein wie möglich schneiden.

3 Olivenöl in eine kleine Schüssel geben und mit Weißweinessig und Honig verrühren. Rosmarin und Knoblauch zufügen und mit Salz und Pfeffer würzen. Falls das Dressing zu dick ist, 1-2 EL Wasser zufügen und erneut umrühren.

4 Dressing 3-5 Minuten ziehen lassen, abschmecken und bei Bedarf Säure oder Süße anpassen.

5 Rosmarin-Knoblauch-Dressing sofort verwenden oder in ein kleines Glas mit Deckel füllen, im Kühlschrank lagern und vor Gebrauch noch einmal umrühren.

Sesam-Dressing

12 Port. 5 Min. Leicht

Zutaten

- 300 g Sesampaste
- 150 ml Wasser
- 150 ml Gemüsebrühe
- Saft einer Zitrone
- 2 Zehen Knoblauch
- 1 Handvoll Petersilie
- Kreuzkümmel
- Salz

Nährwerte p. P.

174 kcal, 4 g kh,
14 g Fett, 8 g Eiweiß

1 Das Wasser und die Gemüsebrühe mit dem Zitronensaft, der Petersilie, den geschälten Knoblauchzehen und der Sesampaste für mehrere Minuten in einen Mixer geben und zu einer homogenen Masse verarbeiten.

2 Anschließend mit Kreuzkümmel und Salz abschmecken und vor dem Verzehr am besten 2 Stunden im Kühlschrank ziehen lassen.

„Tahini-Dressing“ auf Seite 70

2 Port. 5 Min. Leicht

Zutaten

2 EL Tahini (Sesampaste)
1 EL Zitronensaft
1 kleine Knoblauchzehe (gepresst oder fein gehackt)
3-4 EL Wasser (nach gewünschter Konsistenz)
1 TL Olivenöl
Salz und Pfeffer nach Geschmack

Nährwerte p. P.

90 kcal, 24 g kh,
3 g Fett, 0 g Eiweiß

1 Geben Sie das Tahini in eine kleine Schüssel. Fügen Sie den Zitronensaft und den Knoblauch hinzu und verrühren Sie alles gründlich.

2 Geben Sie nach und nach das Wasser hinzu, bis das Dressing cremig und glatt wird. Es sollte dickflüssig, aber gut gießbar sein.

3 Rühren Sie anschließend das Olivenöl ein und schmecken Sie mit Salz und Pfeffer ab.

4 Bewahren Sie das Dressing in einem verschlossenen Glas im Kühlschrank auf – es hält sich etwa 3-4 Tage.

Tipp: Wenn Sie es milder mögen, ersetzen Sie einen Teil des Zitronensafts durch etwas Joghurt oder mischen frische Kräuter (z. B. Petersilie oder Koriander) unter.

Gurke-Sellerie-Dressing

3 Port. 10 Min. Leicht

Zutaten

½ Salatgurke
1 Stange Staudensellerie
½ Avocado
1 kleine Knoblauchzehe
2 EL Zitronensaft
1 EL Olivenöl
1 EL gehackte frische Kräuter (z. B. Petersilie, Koriander oder Dill)
100 g Joghurt, natur
Salz und Pfeffer

Optional für mehr Geschmack:

1 TL Leinsamen oder Chiasamen
1 TL Honig oder Ahornsirup für eine leichte Süße

1 Schneiden Sie Gurke, Sellerie und Avocado in Stücke. Geben Sie alle Zutaten in einen Mixer oder eine Küchenmaschine.

2 Mixen Sie alles, bis ein glattes, cremiges Dressing entsteht. Wenn die Konsistenz zu dick ist, fügen Sie etwas Wasser oder mehr Joghurt hinzu.

3 Schmecken Sie das Dressing mit Salz, Pfeffer und Zitronensaft ab.

4 Füllen Sie das Dressing in ein Glas und stellen Sie es bis zum Servieren kühl. Es hält sich im Kühlschrank etwa 2-3 Tage.

Nährwerte p. P.

110 kcal, 5 g kh, 10 g Fett, 1 g Eiweiß

Mandelmus-Dressing

3 Port. 5 Min. Leicht

Zutaten

- 2 EL Mandelmus (weiß oder braun, je nach Geschmack)
- 2 EL Wasser (nach gewünschter Konsistenz mehr oder weniger)
- 1 EL Zitronensaft oder Apfelessig
- 1 TL Sojasoße oder Tamari
- 1 TL Ahornsirup
- ½ TL geriebener Ingwer (optional)
- Salz und Pfeffer

Nährwerte p. P.

130 kcal, 4 g kh,
11 g Fett, 3 g Eiweiß

1 Geben Sie das Mandelmus in eine kleine Schüssel. Fügen Sie Zitronensaft, Sojasoße und Ahornsirup hinzu.

2 Rühren Sie kräftig, während Sie nach und nach Wasser zugeben, bis das Dressing cremig und leicht fließend wird.

3 Schmecken Sie es mit Salz, Pfeffer und – falls gewünscht – etwas frisch geriebenem Ingwer ab.

4 Das Dressing hält sich in einem verschlossenen Glas im Kühlschrank etwa 3-4 Tage.

Himbeer-Dressing

4 Port. 5 Min. Leicht

Zutaten

- 100 g frische oder tiefgekühlte Himbeeren
- 2 EL Olivenöl
- 1 EL Apfelessig oder weißer Balsamico
- 1 TL Honig oder Ahornsirup
- Salz und Pfeffer nach Geschmack
- (optional) 1 TL Dijon-Senf für eine herzhaftere Variante

Nährwerte p. P.

95 kcal, 8 g kh,
7 g Fett, 3 g Eiweiß

1 Geben Sie die Himbeeren in ein feines Sieb und drücken Sie sie mit einem Löffel durch, um die Kerne zu entfernen (alternativ können Sie alles pürieren und das Dressing etwas stückiger lassen).

2 Verrühren Sie das Himbeerpüree mit Olivenöl, Essig und Honig zu einer glatten Sauce.

3 Schmecken Sie das Dressing mit Salz und Pfeffer ab. Wenn Sie es etwas kräftiger mögen, rühren Sie den Senf unter.

4 Füllen Sie das Dressing in ein Glas und lagern Sie es im Kühlschrank – es hält sich etwa 3 Tage.

French Dressing

20 Port. 5 Min. Leicht

Zutaten

- 2 TL Senf
- 2 TL Zucker
- 1 TL Apfelessig (oder Weißweinessig)
- 1 Prise Salz
- 1 Prise Pfeffer
- 1 Prise Knoblauchpulver
- 100 ml Sonnenblumenöl
- 100 ml Olivenöl

Nährwerte p. P.

99 kcal, 1 g kh,
11 g Fett, 0 g Eiweiß

1 Mischen Sie Senf, Zucker, Apfelessig und Gewürze mit einem Schneebesen.

2 Rühren Sie Sonnenblumenöl und Olivenöl nach und nach unter.

Fleisch- & Geflügel-Bowls

Chili-con-Carne-Bowl

4 Port. 30 Min. Leicht

Zutaten

- 300 g Rinderhackfleisch
- 1 Zwiebel
- 2 Knoblauchzehen
- 1 kleine Chilischote
- 1 Dose Kidneybohnen
- 200 g passierte Tomaten
- 1 TL Tomatenmark
- ½ TL Salz
- ¼ TL Pfeffer
- 1 TL Kreuzkümmel
- 1 TL Paprikapulver
- ½ TL Oregano
- 1 EL Olivenöl

Nährwerte p. P.

350 kcal, 20 g kh,
22 g Fett, 27 g Eiweiß

1 Zwiebel und Knoblauch schälen und in feine Stücke schneiden. Chilischote waschen und in feine Ringe schneiden. Bohnen in ein Sieb geben, waschen und abtropfen lassen.

2 Olivenöl in einer großen Pfanne erhitzen, Zwiebeln und Knoblauch hineingeben und 2 Minuten glasig anbraten. Hackfleisch in die Pfanne geben und 5-10 Minuten anbraten. Chilischote zufügen, gut umrühren und alles weitere 2 Minuten anbraten.

3 Tomatenmark und passierte Tomaten unterrühren, Kidneybohnen zufügen und umrühren. Das Ganze mit Salz, Pfeffer, Kreuzkümmel, Paprikapulver und Oregano würzen und 15 Minuten bei niedriger Hitze köcheln lassen, dabei gelegentlich umrühren.

4 Gericht auf 4 Servierschalen verteilen und sofort servieren.

Hack-Bowl mit buntem Gemüse

4 Port. 25 Min. Leicht

Zutaten

500 g Rinderhackfleisch
2 Paprika, rot + gelb
1 Dose Mais
1 Dose Kidneybohnen
150 g Kirschtomaten
1 Zwiebel
4 Scheiben Käse
½ Kopf Eisbergsalat
2 EL Olivenöl
Petersilie zum Garnieren
8 EL saure Sahne
2 EL Joghurt, natur
Saft einer halben Limette
Salz und Pfeffer

Nährwerte p. P.

550 kcal, 30 g kh,
35 g Fett, 36 g Eiweiß

1 Paprika waschen, der Länge nach aufschneiden, jeweils vom Kerngehäuse befreien und in Streifen schneiden. Petersilie waschen und Blätter abzupfen. Salat halbieren, Strunk entfernen, Blätter waschen und in mundgerechte Stücke schneiden.

2 Tomaten waschen und halbieren. Mais und Bohnen in ein Sieb geben und abtropfen lassen. Zwiebel schälen und in feine Ringe schneiden. Käse in Streifen schneiden.

3 1 EL Öl in einer Pfanne erhitzen und Hackfleisch darin 5-10 Minuten anbraten, mit Salz und Pfeffer würzen.

4 Alle vorbereiteten Zutaten in 4 Servierschalen verteilen, mit Petersilie bestreuen und je 1 EL saure Sahne darübergeben.

5 Für das Dressing 4 EL saure Sahne, Joghurt, Limettensaft, 1 EL Olivenöl, Salz und Pfeffer in einer Schüssel vermengen und über die Bowl gießen.

Hähnchen-Tomaten-Bowl

4 Port. 25 Min. Mittel

Zutaten

300 g Quinoa
4 Hähnchenbrustfilets
1 Salatgurke
200 g Kirschtomaten
16 Basilikumblätter
1 TL schwarzer Sesam
Wasser zum Kochen

Für das Dressing:

1 EL Zitronensaft
2 EL Olivenöl
½ TL Salz & ¼ TL Pfeffer
½ TL Honig

Nährwerte p. P.

460 kcal, 34 g kh,
18 g Fett, 38 g Eiweiß

1 Quinoa nach Packungsanweisung zubereiten.

2 1 EL Olivenöl in einer Pfanne erhitzen, Hähnchenbrustfilets hineingeben und 6 Minuten je Seite anbraten. Aus der Pfanne nehmen, 2 Minuten ruhen lassen und in Scheiben schneiden.

3 Kirschtomaten waschen und halbieren. Gurke waschen und in Scheiben schneiden. Basilikumblätter waschen und abtropfen lassen.

4 Vorbereitete Zutaten auf 4 Servierschalen aufteilen und schwarzen Sesam darüberstreuen.

5 Zitronensaft mit Olivenöl, Salz, Pfeffer und Honig in einer kleinen Schüssel vermengen und über die Bowls gießen.

Hähnchen-Blumenkohl-Bowl

4 Port. 30 Min. Mittel

Zutaten

300 g Quinoa
4 Hähnchenbrustfilets
200 g Kichererbsen, Dose
1 Salatgurke
200 g Kirschtomaten
1 Avocado
300 g Blumenkohl, frisch
Wasser zum Kochen
3 EL Olivenöl
1 EL Zitronensaft
½ TL Salz & ¼ TL Pfeffer
½ TL Honig

Nährwerte p. P.

510 kcal, 39 g kh,
21 g Fett, 38 g Eiweiß

1 Quinoa nach Packungsanweisung zubereiten. Währenddessen 1 EL Olivenöl in einer Pfanne erhitzen, Hähnchenbrustfilets hineingeben und 6 Minuten pro Seite anbraten. Aus der Pfanne nehmen, 2 Minuten abkühlen lassen und in dünne Scheiben schneiden.

2 Blumenkohl putzen, in einen Topf mit Wasser geben und 10-15 Minuten kochen. Überschüssiges Wasser abgießen und Blumenkohl kurz abtropfen lassen. Eine Pfanne ohne Fett erhitzen und Blumenkohl darin 3-5 Minuten anrösten.

3 Kirschtomaten waschen und halbieren. Gurke waschen und in Scheiben schneiden. Kichererbsen in ein Sieb geben und abtropfen lassen. Avocado der Länge nach halbieren, vom Kern befreien. Fruchtfleisch aus der Schale lösen und in Scheiben schneiden.

4 Vorbereitete Zutaten auf 4 Servierschalen verteilen. Zitronensaft mit Olivenöl, Salz, Pfeffer und Honig in einer kleinen Schüssel vermengen und über die Bowls gießen.

Gemüse-Rinder-Bowl

4 Port. 25 Min. Leicht

Zutaten

500 g Rindersteak
2 EL Olivenöl
1 TL Salz
½ TL schwarzer Pfeffer
1 TL Paprikapulver
1 TL Knoblauchpulver
250 g Kirschtomaten
1 Salatgurke
1 gelbe Paprika
½ Kopf Salat
1 EL Sesamsamen
50 g Rucola

Für das Dressing:

3 EL Olivenöl
je 1 EL Honig & Senf
Saft einer halben Zitrone
Salz und Pfeffer

1 Tomaten waschen und halbieren. Gurke waschen und in Scheiben schneiden. Paprika waschen, vom Kerngehäuse befreien und in Ringe schneiden. Salat und Rucola waschen und in mundgerechte Stücke zupfen.

2 Rindersteak in dünne Streifen schneiden, diese in eine Schüssel geben und mit Salz, Pfeffer, Paprikapulver und Knoblauchpulver würzen. Olivenöl zufügen und alles gut vermengen.

3 Fleisch 3-4 Minuten in einer Pfanne anbraten. Hitze reduzieren und Fleisch weitere 3 Minuten garen lassen, anschließend herausnehmen und 2Minuten ruhen lassen.

4 Zutaten auf 4 Servierschalen verteilen und mit Rucola und Sesamsamen garnieren. Zitronensaft mit Öl, Salz, Pfeffer, Honig und Senf in einer Schüssel vermengen und über die Bowls gießen.

Nährwerte p. P.

570 kcal, 18 g kh, 38 g Fett, 43 g Eiweiß

Frikadellen-Buchweizen-Bowl

4 Port. 30 Min. Mittel

Zutaten

- 200 g Buchweizen
- 500 g Hackfleisch, Rind
- 1 Ei
- 1 kleine Zwiebel
- 2 EL Paniermehl
- je 1 TL Senf & Sesam
- ½ TL Salz & ¼ TL Pfeffer
- 1 Bund Petersilie
- 4 EL Öl
- 1 kleiner Kopf Salat
- 200 g Tomaten
- 1 EL Zitronensaft
- 1 TL Honig

Nährwerte p. P.

600 kcal, 40 g kh,
34 g Fett, 38 g Eiweiß

1 Buchweizen nach Packungsanweisung zubereiten. Petersilie waschen und trocken schütteln. 1 TL davon fein hacken, den Rest so belassen.

2 Hackfleisch in eine Schüssel geben und Ei hineinschlagen. Zwiebel schälen, würfeln und zum Hackfleisch geben. Paniermehl, Senf, Salz, Pfeffer und gehackte Petersilie zufügen und alles zu einer gleichmäßigen Masse vermengen.

3 Hände mit etwas Wasser befeuchten und Frikadellen aus der Masse formen. 2 EL Öl in einer Pfanne erhitzen, Frikadellen hineinlegen und 5 Minuten pro Seite braten. Frikadellen auf einen Teller legen und 2 Minuten ruhen lassen.

4 Salat vom Strunk befreien und in Stücke schneiden. Blätter waschen und in einem Sieb abtropfen lassen. Tomaten waschen und vierteln.

5 Alle Zutaten auf 4 Servierschalen verteilen und Sesam darüberstreuen. Zitronensaft mit 2 EL Olivenöl und Honig in einer kleinen Schüssel vermischen und über die Bowls gießen.

Hähnchen-Avocado-Bowl

4 Port. 30 Min. Leicht

Zutaten

200 g Quinoa
2 Hähnchenbrustfilets
1 Avocado & 1 rote Paprika
1 kleiner Kopf Salat
100 g Rucola
150 g Kirschtomaten
6 Radieschen
1 TL schwarzer Sesam
½ TL ganze Pfefferkörner
1 EL Zitronensaft
3 EL Olivenöl
½ TL Salz & ¼ TL Pfeffer
1 TL Senf & ½ TL Honig

Nährwerte p. P.

450 kcal, 28 g kh,
25 g Fett, 32 g Eiweiß

1 Quinoa nach Packungsanweisung zubereiten.

2 1 EL Öl in einer Pfanne erhitzen, Hähnchenbrustfilets hineingeben und 6 Minuten pro Seite braten. Hähnchen aus der Pfanne nehmen, 2 Minuten ruhen lassen und in dünne Scheiben schneiden.

3 Paprika waschen, der Länge nach aufschneiden, vom Kerngehäuse befreien und in Streifen schneiden. Salat und Rucola waschen und in mundgerechte Stücke rupfen. Tomaten waschen und halbieren. Radieschen waschen und in dünne Scheiben schneiden. Avocado aufschneiden, vom Kern befreien, Fruchtfleisch herauslösen und in dünne Streifen schneiden.

4 Vorbereitete Zutaten auf 4 Servierschalen verteilen und mit Sesam und Pfefferkörnern garnieren.

5 Zitronensaft, restliches Olivenöl, Salz, Pfeffer, Senf und Honig in einer kleinen Schüssel vermengen und über die Bowls gießen.

Brokkoli-Rinder-Bowl

4 Port. 30 Min. Leicht

Zutaten

300 g Reis
4 kleine Rinderfilets
1 TL Sojasoße
1 TL Sesamöl
1 Bund Frühlingszwiebeln
300 g frischer Brokkoli
1 EL Sesam
1 EL Öl

Für das Dressing:

2 EL Sojasoße
1 EL Reisessig
je 1 TL Honig, Sesamöl, Ingwer & Zitronensaft

Nährwerte p. P.

550 kcal, 45 g kh, 20 g Fett, 38 g Eiweiß

1 Reis in einem Sieb abspülen, in einen Topf füllen, doppelt so viel Wasser hineingießen, zum Kochen bringen, Hitze reduzieren und 15 Minuten köcheln lassen, bis der Reis das Wasser aufgenommen hat. Topf vom Herd nehmen und Reis 5 Minuten quellen und abkühlen lassen.

2 1 EL Öl in einer Pfanne erhitzen und Filets 4 Minuten pro Seite darin anbraten. Fleisch herausnehmen, 2 Minuten ruhen lassen, in Streifen schneiden und in Sojasoße und Sesamöl wenden.

3 Brokkoli putzen und 10-15 Minuten kochen. Überschüssiges Wasser abgießen und Brokkoli abtropfen lassen. Eine Pfanne ohne Öl erhitzen und Brokkoli darin 3-5 Minuten anrösten.

4 Frühlingszwiebeln waschen, von Wurzeln befreien und in Röllchen schneiden.

5 Vorbereitete Zutaten auf 4 Servierschalen verteilen und mit Sesam und Frühlingszwiebeln bestreuen. Alle Zutaten für das Dressing vermengen und dieses über die Bowls gießen.

Schweinefilet-Ei-Bowl

4 Port. 30 Min. Leicht

Zutaten

- 200 g Basmatireis
- 4 Zwiebeln
- 500 g Schweinefilet
- 5 EL Pflanzenöl
- 4 Eier
- Salz nach Geschmack
- 2 Karotten
- 200 g Brokkoli
- 1 Bund Schnittlauch
- 2 EL Sesam zum Garnieren
- Wasser zum Kochen

Für das Dressing:

- 2 EL Sojasoße
- 1 EL Sesamöl
- 1 TL Honig
- 1 TL Zitronensaft

Nährwerte p. P.

550 kcal, 50 g kh,
30 g Fett, 35 g Eiweiß

1 Reis nach Packungsanleitung zubereiten. Zwiebeln schälen und in feine Ringe schneiden. Brokkoli in kleine Röschen schneiden. Karotten schälen und in Scheiben schneiden. Schnittlauch waschen, trocken schütteln und in Röllchen schneiden.

2 Wasser in einem Topf zum Kochen bringen, Brokkoliröschen und Karotten hineingeben, 3-5 Minuten blanchieren, in ein Sieb gießen und mit kaltem Wasser abschrecken. Sesamöl in einer Pfanne erhitzen, Brokkoli und Karotten hineingeben und 3-5 Minuten unter gelegentlichem Wenden anbraten. Mit Salt würzen und aus der Pfanne nehmen.

3 Fleisch in dünne Streifen schneiden und in 3 EL Pflanzenöl in einer Pfanne mit den Zwiebeln scharf unter gelegentlichem Wenden anbraten. Alles aus der Pfanne nehmen und auf einen Teller legen.

4 Restliches Pflanzenöl in einer separaten Pfanne erhitzen, Eier hineinschlagen und zu Spiegeleiern braten. Aus der Pfanne nehmen und ebenfalls auf einen Teller legen.

5 Alle Zutaten auf 4 Servierschalen verteilen, Spiegeleier auflegen und mit Schnittlauch und Sesam bestreuen.

6 Zitronensaft, Honig, Sojasoße und Sesamöl in einer kleinen Schüssel vermengen und über die Bowl gießen.

Pasta-Hackbällchen-Bowl

2 Port. 20 Min. Mittel

Zutaten

Für die Bowl:

150 g bunte Farfalle (oder andere Pasta)
1 gelbe Paprika
6 schwarze Oliven (entsteint)
2 Handvoll Blattsalat (z. B. Rucola, Spinat ocer Pflücksalat)
3 Radieschen

Für die Hackbällchen:

250 g Rinderhackfleisch oder gemischtes Hack
1 kleine Zwiebel
1 Knoblauchzehe
1 TL Senf
1 EL Semmelbrösel
1 Ei
Salz, Pfeffer, Paprikapulver
1 TL Olivenöl zum Braten

Für das Dressing:

2 EL Olivenöl
1 TL Weißweinessig oder Zitronensaft
1 TL Honig
Salz und Pfeffer

1 Kochen Sie die Pasta nach Packungsanleitung bissfest. Schneiden Sie die Paprika in Stücke und die Oliven in Ringe. Vermengen Sie beides mit der abgekühlten Pasta.

2 Für die Hackbällchen schälen und hacken Sie Zwiebel und Knoblauch fein. Mischen Sie das Hackfleisch mit Ei, Semmelbröseln, Senf, Salz, Pfeffer und Paprikapulver. Formen Sie kleine Bällchen und braten Sie sie in Olivenöl rundherum goldbraun (ca. 8-10 Minuten).

3 Waschen Sie den Blattsalat und schneiden Sie die Radieschen in feine Scheiben.

4 Richten Sie die Bowl an: Pasta mit Paprika und Oliven auf einer Seite, den Salat mit Radieschen auf der anderen, die Hackbällchen dazwischen.

5 Verrühren Sie die Zutaten für das Dressing, träufeln Sie es über den Salat und garnieren Sie die Bowl mit frischer Petersilie.

Nährwerte p. P.

590 kcal
50 g kh
27 g Fett
33 g Eiweiß

Burrito-Bowl

2 Port. 25 Min. Leicht

Zutaten

- 100 g Basmatireis
- 1 kleine Hähnchenbrust
- 1 EL Olivenöl
- 1 TL Paprikapulver
- ½ TL Kreuzkümmel
- Salz und Pfeffer
- 1 Dose Kidneybohnen
- 1 Tomate
- ½ rote Paprika
- ½ Avocado
- 1 EL Limettensaft
- 50 g geriebener Käse
- 2 EL saure Sahne
- 1 Handvoll Nacho-Chips
- frische Petersilie
- Limettenspalten

1 Reis nach Packungsanleitung kochen. Hähnchen mit Paprikapulver, Kreuzkümmel, Salz und Pfeffer würzen und in einer Pfanne mit Öl 8-10 Minuten braten, dann in Scheiben schneiden.

2 Kidneybohnen abspülen und abtropfen lassen. Tomaten und Paprika in kleine Stücke schneiden.

3 Für die Guacamole Avocado mit einer Gabel zerdrücken und mit Limettensaft, Salz und Pfeffer mischen.

4 Reis in einer Schüssel anrichten und Hähnchen, Kidneybohnen, Paprika-Tomaten-Mix und Guacamole nebeneinander darüberlegen.

5 Alles mit Käse bestreuen, einen Klecks saure Sahne in die Mitte geben und Nacho-Chips rundherum in die Bowl stecken. Mit Petersilie und Limettenspalten garnieren und sofort servieren.

Nährwerte p. P.

620 kcal, 55 g kh, 28 g Fett, 35 g Eiweiß

Fisch- & Meeresfrüchte-Bowls

Thunfisch-Reis-Bowl

4 Port. 25 Min. Leicht

Zutaten

300 g Jasminreis
300 g Thunfischfilet
2 EL Sesamöl
1 EL Reisessig
1 TL Honig
1 Prise Pfeffer
1 Avocado
1 Salatgurke
150 g Rotkohl
1 EL Sesam zum Garnieren

Für das Dressing:

2 EL Reisessig
1 EL Sojasoße
1 TL Sesamöl
½ TL Honig
¼ TL Salz & ¼ TL Pfeffer

1 Thunfisch abspülen und würfeln. Sesamöl, Reisessig, Honig und Pfeffer in einer Schüssel miteinander vermengen. Fischwürfel zufügen und alles gut vermischen, anschließend 20 Minuten in den Kühlschrank stellen.

2 Reis nach Packungsanweisung zubereiten.

3 Avocado der Länge nach halbieren, Kern entfernen, Fruchtfleisch aus der Schale lösen und in dünne Scheiben schneiden. Gurke waschen und in dünne Scheiben schneiden. Rotkohl waschen und ebenfalls in feine Streifen schneiden.

4 Reisessig mit Sojasoße, Sesamöl, Honig, Salz und Pfeffer vermischen.

5 Alle Zutaten auf 4 Servierschalen verteilen und Dressing darübergießen. Bowls mit Sesam bestreuen.

Nährwerte p. P.

550 kcal, 60 g kh, 25 g Fett, 35 g Eiweiß

Garnelen-Bulgur-Bowl

4 Port. 20 Min. Leicht

Zutaten

250 g Bulgur
500 ml Gemüsebrühe
16 Garnelen
1 EL Olivenöl
2 EL Zitronensaft
1 Avocado
1 TL Leinsamen
1 Brokkoli
1 rote Paprika
1 Handvoll frischer Spinat
Salz und Pfeffer
100 g Joghurt
je 1 TL Honig & Senf

Nährwerte p. P.

380 kcal, 30 g kh, 22 g Fett, 25 g Eiweiß

1 Bulgur in Gemüsebrühe aufkochen, Hitze reduzieren und 10-12 Minuten quellen lassen, bis die Flüssigkeit vollständig aufgenommen wurde. Gelegentlich rühren, anschließend abkühlen lassen.

2 Garnelen in Öl, ½ EL Zitronensaft, Salz und Pfeffer marinieren, eine Pfanne erhitzen und Garnelen darin 2 Minuten pro Seite anbraten.

3 Brokkoli in Röschen teilen, 3 Minuten blanchieren und mit eiskaltem Wasser abschrecken, damit die Röschen ihre grüne Farbe behalten. Paprika entkernen und würfeln. Avocado halbieren, Kern entfernen, Fruchtfleisch in dünne Scheiben schneiden und mit ½ EL Zitronensaft beträufeln.

4 Joghurt mit 1 EL Zitronensaft, Honig und Senf vermengen und mit Salz und Pfeffer abschmecken.

5 Bulgur auf 4 Servierschalen verteilen, Spinatblätter, Brokkoli, Paprika, Avocado und Garnelen darauf anrichten, Dressing darüberträufeln und mit Leinsamen bestreuen.

Lachs-Tomaten-Bowl

4 Port. 15 Min. Leicht

Zutaten

400 g frisches Lachsfilet
200 g Tomaten
3 Frühlingszwiebeln
1 rote Zwiebel

Für das Dressing:

2 EL Limettensaft
2 EL Olivenöl
½ TL Salz
¼ TL Pfeffer

Nährwerte p. P.

310 kcal, 7 g kh,
22 g Fett, 27 g Eiweiß

1 Spülen Sie den Lachs ab und schneiden Sie ihn in kleine Würfel.

2 Waschen Sie die Tomaten, schneiden Sie sie in Würfel und geben Sie sie in eine große Schüssel. Waschen Sie die Frühlingszwiebeln, schneiden Sie sie in feine Ringe und geben Sie sie zu den Tomaten. Schälen Sie die Zwiebel, schneiden Sie sie in Würfel und geben Sie sie ebenfalls zu den Tomaten.

3 Geben Sie den Lachs in die Schüssel. Fügen Sie das Olivenöl, den Limettensaft, das Salz und den Pfeffer hinzu. Vermengen Sie alle Zutaten gleichmäßig miteinander.

4 Verteilen Sie die Lachs-Bowls gleichmäßig auf die vier Schalen und servieren Sie sie sofort.

Garnelen-Avocado-Bowl

4 Port. 20 Min. Leicht

Zutaten

- 200 g Garnelen (geschält und entdarmt)
- 2 Avocados
- 1 Salatgurke
- 5 Radieschen
- 200 g Jasminreis
- 1 EL Sesam
- 1 EL Olivenöl
- je ½ TL Salz & Pfeffer
- 1 TL Paprikapulver
- Wasser zum Kochen

Für das Dressing:

- 2 EL Reisessig
- 1 EL Sojasoße
- 1 TL Sesamöl
- ½ TL Honig
- je ¼ TL Salz & Pfeffer

1 Reis nach Packungsanweisung zubereiten.

2 Garnelen abspülen, in eine Schüssel legen und mit Salz, Pfeffer und Paprikapulver bestreuen. Olivenöl in einer Pfanne erhitzen, Garnelen hineingeben und 2 Minuten pro Seite braten, bis sie rosa sind.

3 Gurke waschen und in Scheiben schneiden. Avocados längs aufschneiden, Kerne entfernen, Fruchtfleisch herauslösen und würfeln. Radieschen waschen und in feine Scheiben schneiden.

4 Reisessig, Sojasoße, Sesamöl, Honig, Salz und Pfeffer in einer kleinen Schüssel verrühren.

5 Alle Zutaten auf 4 Servierschalen verteilen, Dressing darübergießen und jede Bowl mit Sesam bestreuen.

Nährwerte p. P.

470 kcal, 35 g kh, 29 g Fett, 31 g Eiweiß

Tropische Lachs-Poké-Bowl

4 Port. 30 Min. Leicht

Zutaten

300 g Sushi-Lachs
250 g Sushi-Reis
2 EL Reisessig
1 TL Zucker
½ TL Salz
1 reife Mango
1 Avocado
½ Salatgurke
1 kleine rote Chilischote
100 g Wakame-Salat
1 Handvoll Sprossen
1 EL Sesam, hell & dunkel

Für die Marinade:

3 EL Sojasoße
1 TL Sesamöl
1 TL Limettensaft
½ TL Honig
1 TL geriebener Ingwer

Für das Dressing:

3 EL Sojasoße
1 EL Reisessig
1 TL Sesamöl
1 TL Honig
½ TL Sriracha

1 Bereiten Sie den Reis nach Packungsanweisung zu. Nach dem Garen vermengen Sie den Reis mit Reisessig, Zucker und Salz und lassen ihn abkühlen.

2 Schneiden Sie den Lachs mit einem scharfen Messer in kleine Würfel. Vermengen Sie in einer Schüssel Sojasoße, Sesamöl, Limettensaft, Honig und geriebenen Ingwer, geben Sie die Lachswürfel hinein und marinieren Sie ihn für mindestens 15 Minuten im Kühlschrank.

3 Schälen Sie die Mango, lösen Sie den Kern heraus und schneiden Sie das Fruchtfleisch in dünne Streifen. Halbieren Sie die Avocado, entfernen Sie den Kern, schneiden Sie das Fruchtfleisch in dünne Scheiben und beträufeln Sie diese mit etwas Limettensaft. Schneiden Sie die Salatgurke längs in dünne Streifen und die Chilischote in Ringe.

4 Vermengen Sie alle Zutaten für das Dressing in einer kleinen Schüssel. Verteilen Sie den abgekühlten Sushi-Reis auf vier Schüsseln. Richten Sie Wakame-Salat, Mango, Avocado, Gurke, marinierte Lachswürfel und Chili-Ringe darauf an.

5 Bestreuen Sie die Bowls mit Sprossen und Sesamsamen und träufeln Sie das Dressing darüber.

Nährwerte p. P.

470 kcal, 45 g kh, 23 g Fett, 26 g Eiweiß

Lachs-Mango-Bowl mit Algensalat

4 Port. 30 Min. Leicht

Zutaten

200 g Jasminreis
300 g frischer Lachs
1 Avocado
1 Salatgurke
1 Mango
150 g verzehrfertiger Algensalat
2 EL Sesam
Wasser zum Kochen

Für die Marinade:

2 EL Sojasoße
1 TL Sesamöl
1 TL Reisessig
½ TL Honig
½ TL Ingwerpulver
je ¼ TL Salz
¼ TL Pfeffer

Für das Dressing:

2 EL Reisessig
1 EL Sojasoße
1 TL Sesamöl
½ TL Honig
¼ TL Salz
¼ TL Pfeffer

Nährwerte p. P.

510 kcal, 45 g kh, 22 g Fett, 32 g Eiweiß

1 Spülen Sie den Lachs ab, schneiden Sie ihn in mundgerechte Würfel und legen Sie ihn in eine Schüssel. Geben Sie die Sojasoße, das Sesamöl, den Reisessig, den Honig, das Ingwerpulver, das Salz und den Pfeffer hinzu. Verrühren Sie alles gut miteinander und lassen Sie den Lachs für mindestens 15 Minuten im Kühlschrank ziehen.

2 Bereiten Sie den Reis nach Packungsanweisung zu.

3 Schneiden Sie die Avocado in zwei Hälften und entfernen Sie den Kern. Lösen Sie das Fruchtfleisch aus der Schale und schneiden Sie es in dünne Scheiben.

4 Waschen Sie die Gurke und schneiden Sie sie in dünne Scheiben. Schneiden Sie die Mangos längs entlang des Kerns auf. Ritzen Sie das Fruchtfleisch der Mangohälften in ein Würfelmuster, ohne dabei die Schale zu durchtrennen. Drücken Sie die Mangohälften nach außen, damit die Würfel nach oben stehen, und lösen Sie sie vorsichtig mit einem Löffel heraus.

5 Geben Sie den Reisessig in eine kleine Schüssel. Fügen Sie die Sojasoße, das Sesamöl, den Honig, das Salz und den Pfeffer hinzu und rühren Sie es gut durch.

6 Verteilen Sie die ganzen Zutaten gleichmäßig auf vier Servierschalen und gießen Sie das Dressing darüber. Bestreuen Sie die Bowl mit Sesam. Füllen Sie den Algensalat in ein kleines Schälchen, streuen Sie Sesam darüber und servieren Sie ihn separat.

Shrimps-Bowl

1 Port. 20 Min. Leicht

Zutaten

6 Shrimps
1 Handvoll Rucola
½ Avocado
1 Handvoll Cocktailtomaten
1 Zitrone
60 g Quinoa
1 Knoblauchzehe
Salz
Pfeffer
etwas Öl

Nährwerte p. P.

355 kcal, 11 g kh,
26 g Fett, 16 g Eiweiß

1 Die Quinoa nach Packungsanleitung zubereiten.

2 Die Shrimps werden in einer Pfanne mit heißem Öl scharf angebraten. Drücken Sie anschließend den Knoblauch mit einer Presse zu den Shrimps. Würzen Sie mit etwas Salz und Pfeffer und löschen Sie dann mit dem Saft einer halben Zitrone ab.

3 Avocado und Tomaten werden in mundgerechte Stücke geschnitten und in einer Schale angerichtet.

4 Nun kommt die Quinoa hinzu sowie der Rucola und die gebratenen Shrimps. Gießen Sie die Soße der Shrimps in die Schale.

5 Zitronenspalten runden das Bild ab.

Miesmuschel-Garnelen-Bowl

1 Port. 15 Min. Leicht

Zutaten

- 3 Miesmuscheln
- ½ rote Zwiebel
- 2 Blätter Rotkohl
- 1 Handvoll Rispentomaten
- 4 Garnelen
- 1 Karotte
- 1 Ei, gekocht
- ½ Salatgurke
- ½ Limette, in Scheiben
- etwas Petersilie
- 1 Handvoll Blattspinat
- etwas Öl
- etwas Salz

1 Rotkohl und Zwiebel werden in feine Streifen geschnitten. Von der Gurke werden mit einem Sparschäler einige Streifen abgeschnitten, die anschließend zusammengerollt werden. Die Karotte wird geraspelt. Das gekochte Ei wird gepellt und halbiert.

2 Die Miesmuscheln werden für ca. 10 Minuten gekocht und die Garnelen werden kurz angebraten.

3 Richten Sie die Buddha-Schale nun so an, dass alle Farben und Zutaten deutlich zu sehen sind.

4 Wenn Sie mögen, geben Sie etwas Olivenöl über das Gericht und salzen es leicht.

Nährwerte p. P.

231 kcal, 20 g kh, 7 g Fett, 18 g Eiweiß

Thunfisch-Quinoa-Bowl

2 Port. 25 Min. Leicht

Zutaten

120 g Quinoa (ungekocht)
200 g frischer Thunfisch (Sushi-Qualität)
je 1 Karotte & Avocado
2 Handvoll Blattsalat
1 kleine Tomate
½ Limette, Saft
1 EL Sojasoße
1 TL Sesamöl
1 EL Kürbiskerne
1 EL gehackte Kräuter

Für das Dressing:

2 EL Olivenöl
1 TL Limettensaft
1 TL Honig
½ TL Senf
Salz und Pfeffer

1 Quinoa in leicht gesalzenem Wasser nach Packungsanleitung ca. 15 Minuten kochen und abkühlen lassen. Währenddessen Thunfisch würfeln und mit Sojasoße, Sesamöl und Limettensaft für etwa 10 Minuten im Kühlschrank marinieren.

2 Karotte schälen und in feine Streifen (am besten mit einem Julienne-Schneider) schneiden. Tomate würfeln und Avocado in Scheiben schneiden. Blattsalat waschen und trocken schleudern.

3 Quinoa als Basis in 2 Schüsseln verteilen und Thunfisch, Tomatenwürfel, Karottenstreifen, Avocadoscheiben und Blattsalat darüberlegen.

4 Zutaten für das Dressing verrühren und über die Bowls träufeln. Alles mit Kürbiskernen und frischen Kräutern bestreuen.

5 Bowl mit je einer Limettenspalte servieren.

Nährwerte p. P.

480 kcal, 30 g kh, 22 g Fett, 38 g Eiweiß

Seafood-Ramen-Bowl

2 Port. 30 Min. Leicht

Zutaten

- 150 g Ramen
- 200 g Garnelen (geschält, entdarmt)
- 6 frische Miesmuscheln
- 2 Eier
- 500 ml Gemüsefond
- 1 EL Sojasoße
- 1 TL Misopaste (optional)
- 1 TL Sesamöl
- 1 kleine Knoblauchzehe
- 1 Stück Ingwer (ca. 2 cm)
- 1 Frühlingszwiebel

Nährwerte p. P.

540 kcal, 48 g kh,
18 g Fett, 42 g Eiweiß

1 Eier wachsweich kochen (ca. 6-7 Minuten), in kaltem Wasser abschrecken, pellen und halbieren.

2 Sesamöl in einem Topf erhitzen, gehackten Knoblauch und Ingwer zufügen und kurz braten.

3 Mit Fond ablöschen, Sojasoße und Misopaste einrühren und 10 Minuten leicht köcheln lassen.

4 In der Zwischenzeit Nudeln nach Packungsanleitung kochen, abgießen und beiseitestellen.

5 Muscheln in die heiße Brühe geben und 4-5 Minuten garen lassen, bis sie sich geöffnet haben (nicht geöffnete Muscheln entfernen).

6 Garnelen zufügen und 2-3 Minuten mitgaren.

7 Nudeln auf 2 Schüsseln verteilen, Brühe mit Meeresfrüchten darübergießen und je ein halbiertes Ei darüberlegen.

8 Mit fein geschnittenen Frühlingszwiebeln garnieren und sofort servieren.

Poké-Kokosnuss-Bowl

2 Port. 25 Min. Leicht

Zutaten

200 g Sushi-Reis
200 ml Kokosmilch
150 ml Wasser
¼ TL Salz
250 g frischer Lachs (Sushi-Qualität)
1 EL Sojasoße
1 TL Sesamöl
2 TL Limettensaft
1 TL geriebener Ingwer
1 reife Avocado
1 Handvoll grüner Blattsalat
1 TL Sesamsamen
Salz und Pfeffer

1 Reis unter kaltem Wasser abspülen, bis das Wasser klar bleibt. Reis in einen Topf mit Kokosmilch, Wasser und Salz geben, alles zum Kochen bringen, Hitze reduzieren und zugedeckt 12 Minuten sanft köcheln lassen.

2 Topf vom Herd nehmen und Reis 10 Minuten ausquellen lassen. In der Zwischenzeit Lachs würfeln und mit Sojasoße, Sesamöl, 1 TL Limettensaft und Ingwer mischen. Marinade etwa 10 Minuten im Kühlschrank einziehen lassen.

3 Avocado in Scheiben schneiden und mit 1 TL Limettensaft beträufeln, damit die Scheiben nicht braun werden. Blattsalat waschen und in mundgerechte Stücke zupfen.

4 Kokosreis in 2 Schüsseln anrichten, Lachs, Avocado und Salat darübergeben, alles mit Sesam bestreuen und mit Salz und Pfeffer würzen.

Nährwerte p. P.

610 kcal, 42 g kh, 32 g Fett, 36 g Eiweiß

Sushi-Bowl

2 Port. 30 Min. Leicht

Zutaten

- 100 g Sushi-Reis
- 2 EL Reisessig (oder Weißweinessig)
- 1 TL Reissirup
- etwas Salz
- ½ Avocado
- ¼ Salatgurke
- 150 g Lachsfilet
- 2 TL schwarze Sesamsamen

Nährwerte p. P.

555 kcal, 46 g kh,
28 g Fett, 29 g Eiweiß

1 Den Reis nach Packungsanleitung zubereiten.

2 Mischen Sie währenddessen Reisessig, Reissirup und eine Prise Salz und erhitzen Sie die Mischung in einer Mikrowelle oder einem kleinen Topf, bis sich der Sirupzucker aufgelöst hat. Lassen Sie die Mischung abkühlen und vermengen Sie sie mit dem gegarten Reis.

3 Würfeln Sie die Avocado. Schneiden Sie die Gurke mit einem scharfen Messer oder einem Sparschäler in dünne Streifen. Spülen Sie den Lachs ab, tupfen Sie ihn trocken und würfeln Sie ihn.

4 Geben Sie den Reis in zwei Schüsseln, rollen Sie die Gurke auf und verteilen Sie Gurke, Lachs, Avocado und Sesamsamen auf dem Reis.

Tipp: Für eine vegane Variante ersetzen Sie den Lachs durch blanchierte, geschälte und in Sojasoße marinierte Tomaten.

Thunfisch-Ei-Bowl mit Walnüssen

4 Port. 20 Min. Leicht

Zutaten

500 g Brokkoli
4 Eier
400 g frischer Thunfisch
50 g Walnüsse ohne Schale
1 TL Olivenöl
½ TL Salz & ¼ TL Pfeffer

Für das Dressing:

2 EL Olivenöl
1 EL Zitronensaft
1 TL Senf & ½ TL Honig
¼ TL Salz & ¼ TL Pfeffer

Nährwerte p. P.

530 kcal, 10 g kh, 38 g Fett, 39 g Eiweiß

1 Eier hart kochen.

2 Brokkoli waschen, in Röschen schneiden und 3 Minuten in einem Topf mit Wasser garen lassen.

3 Thunfisch mit Küchenpapier trocken tupfen und mit Salz und Pfeffer würzen. Olivenöl in einer Pfanne erhitzen und Thunfisch 1-2 Minuten pro Seite anbraten. Thunfisch aus der Pfanne nehmen, 2 Minuten ruhen lassen und würfeln.

4 Eier schälen, in Scheiben und dann in Viertel schneiden. Walnüsse mit einem Messer grob in kleine Stücke hacken.

5 Zitronensaft, Olivenöl, Senf, Honig, Salz und Pfeffer in einer kleinen Schüssel zu einem Dressing verrühren.

6 Alle Zutaten auf 4 Servierschalen verteilen und Dressing darübergießen.

Vegetarische Bowls

Linsen-Brie-Bowl

4 Port. 20 Min. Leicht

Zutaten

- 250 g rote Linsen
- 1 TL Salz
- 1 Lorbeerblatt
- 1 kleine Salatgurke
- 100 g frischer Babyspinat
- 1 Handvoll Erbsensprossen
- 150 g Brie-Käse

Für das Dressing:

- 3 EL Olivenöl
- 1 EL Apfelessig
- je 1 TL Dijon-Senf & Honig
- Salz und Pfeffer

Nährwerte p. P.

450 kcal, 40 g kh,
26 g Fett, 18 g Eiweiß

1 Bereiten Sie die Linsen nach Packungsanweisung mit Sa z und Lorbeerblatt zu. Entfernen Sie anschließend das Lorbeerblatt und lassen Sie die Linsen abkühlen.

2 Waschen Sie die Salatgurke, halbieren Sie sie längs und schneiden Sie sie in dünne Scheiben. Waschen und trocknen Sie den Babyspinat. Spülen Sie die Erbsensprossen kurz ab und lassen Sie sie abtropfen. Schneiden Sie den Brie in mundgerechte Stücke.

3 Geben Sie das Olivenöl, den Apfelessig, den Senf, den Honig sowie Salz und Pfeffer in eine kleine Schüssel. Verrühren Sie die Zutaten gut, bis eine cremige Soße entsteht.

4 Verteilen Sie die Linsen auf vier Schüsseln. Geben Sie anschließend den Spinat, die Gurkenscheiben und die Erbsensprossen darauf. Legen Sie die Brie-Stücke auf die Linsen. Träufeln Sie das Dressing über die Bowls und servieren Sie das Gericht direkt.

Couscous-Tomaten-Bowl

4 Port. 25 Min. Leicht

Zutaten

200 g Couscous
400 ml Gemüsebrühe
150 g Tomaten
1 Zwiebel
1 Knoblauchzehe
½ TL Salz & ¼ TL Pfeffer
½ TL Paprikapulver
2 EL Pflanzenöl
1 Bund Frühlingszwiebeln
1 Chilischote
Petersilie & Schnittlauch zum Garnieren

Für das Dressing:

2 EL Olivenöl
1 EL Zitronensaft
1 TL Senf & ½ TL Honig
je ¼ TL Salz & Pfeffer

1 Couscous nach Packungsanweisung in Gemüsebrühe zubereiten. Tomaten waschen und würfeln. Chilischote waschen, von Kernen befreien und in Ringe schneiden. Frühlingszwiebeln waschen und ebenfalls in Ringe schneiden. Zwiebel und Knoblauch schälen und würfeln. Petersilie und Schnittlauch waschen, trocken schütteln, Petersilie fein hacken und Schnittlauch in Röllchen schneiden.

2 Pflanzenöl in einer Pfanne erhitzen und Zwiebeln, Frühlingszwiebeln und Knoblauch 2 Minuten darin anbraten. Tomaten und Couscous zufügen und 2 Minuten mitbraten. Alles mit Salz, Pfeffer und Paprikapulver würzen.

3 Zitronensaft mit Olivenöl, Senf, Honig, Salz und Pfeffer verrühren. Couscous auf 4 Servierschalen verteilen, Dressing darübergießen und mit Petersilie, Schnittlauch und Chilischote bestreuen.

Nährwerte p. P.

330 kcal, 45 g kh, 16 g Fett, 6 g Eiweiß

Tofu-Karotten-Brokkoli-Bowl

4 Port. | 25 Min. | Leicht

Zutaten

- 200 g Tofu
- 200 g Reis
- 1 Brokkoli
- 2 Karotten
- 1 TL Sesamöl
- ½ TL Salz & ¼ TL Pfeffer
- ½ TL Paprikapulver
- 1 EL Olivenöl
- 1 EL schwarzer Sesam

Für das Dressing:

- ½ TL Limettensaft
- 2 EL Olivenöl
- 1 EL Reisessig
- je 1 TL Honig & Senf
- ½ TL Ingwerpulver
- je ¼ TL Salz & Pfeffer

1 Reis nach Packungsanweisung zubereiten. Tofu mit Küchenpapier trocken tupfen, würfeln und in eine Schüssel geben. Sesamöl darübergießen, mit Salz, Pfeffer und Paprikapulver würzen, alles miteinander vermengen und 10 Minuten ziehen lassen.

2 Brokkoli waschen, in Röschen schneiden und in einem großen Topf in Wasser 3 Minuten garen. Karotten schälen und in Scheiben schneiden.

3 1 EL Öl in einer Pfanne erhitzen, Tofuwürfel darin 3-4 Minuten anbraten, aus der Pfanne nehmen und auf einen Teller legen.

4 Reisessig mit Öl, Limettensaft, Honig, Senf, Ingwerpulver, Salz und Pfeffer in einer kleinen Schüssel vermengen.

5 Zutaten auf 4 Servierschalen verteilen, Dressing darübergießen und mit Sesam garnieren.

Nährwerte p. P.

400 kcal, 50 g kh, 18 g Fett, 18 g Eiweiß

Quinoa-Spinat-Bowl

4 Port. 25 Min. Leicht

Zutaten

- 200 g Quinoa
- 400 ml Wasser
- 200 g frischer Spinat
- 1 Avocado
- 200 g Kirschtomaten
- 1 TL Zitronensaft

Für das Dressing:

- 2 EL Olivenöl
- 1 EL Zitronensaft
- ½ TL Honig
- ¼ TL Salz
- ¼ TL Pfeffer

Nährwerte p. P.

370 kcal, 40 g kh,
20 g Fett, 9 g Eiweiß

1 Bereiten Sie die Quinoa nach Packungsanweisung zu.

2 Waschen Sie den Spinat und schneiden Sie ihn in Streifen. Schneiden Sie die Avocado auf und entfernen Sie den Kern. Lösen Sie das Fruchtfleisch aus der Schale und schneiden Sie es in Würfel. Legen Sie die Avocadowürfel auf einen Teller und beträufeln Sie sie mit 1 TL Zitronensaft. Waschen Sie die Kirschtomaten und schneiden Sie sie in Hälften.

3 Geben Sie den restlichen Zitronensaft in eine kleine Schüssel. Fügen Sie das Olivenöl, den Honig, das Salz und den Pfeffer hinzu. Rühren Sie das Dressing kräftig um, bis alle Zutaten gut vermischt sind.

4 Verteilen Sie alle Zutaten gleichmäßig auf vier Servierschalen und geben Sie das Dressing darüber.

Halloumi-Gemüse-Bowl

4 Port. 30 Min. Leicht

Zutaten

200 g Halloumi-Käse
2 Avocados
1 kleine Salatgurke
200 g Kichererbsen
1 Wassermelonen-Rettich
300 g violette Kartoffeln
200 g Rotkohl
100 g Feldsalat
2 Karotten
50 g Mandeln
1 kleiner Brokkoli
1 Bio-Orange
1 Bio-Limette
Chiasamen

Für das Dressing:

3 EL Olivenöl
Saft einer halben Orange
Saft einer halben Limette
1 TL Honig
1 TL Dijon-Senf
Salz und Pfeffer

Nährwerte p. P.

580 kcal, 50 g kh,
38 g Fett, 20 g Eiweiß

1 Waschen Sie die Kartoffeln und schneiden Sie sie in Würfel. Geben Sie sie in einen Topf mit gesalzenem Wasser und lassen Sie sie etwa 15 Minuten kochen.

2 Schneiden Sie den Halloumi in 1 cm dicke Scheiben. Erhitzen Sie eine beschichtete Pfanne ohne Öl und braten Sie die Scheiben darin von beiden Seiten jeweils 2-3 Minuten.

3 Teilen Sie den Brokkoli in kleine Röschen. Bringen Sie einen Topf mit Wasser zum Kochen und geben Sie den Brokkoli für 2 Minuten hinein.

4 Schälen Sie den Wassermelonen-Rettich und schneiden Sie ihn in Scheiben. Halbieren Sie die Salatgurke und schneiden Sie sie in Scheiben. Schneiden Sie den Rotkohl in Streifen. Schälen Sie die Karotten und schneiden Sie sie in Stifte. Halbieren Sie die Avocados, entfernen Sie den Kern und schneiden Sie das Fruchtfleisch in Scheiben. Waschen und trocknen Sie den Feldsalat. Lassen Sie die Kichererbsen abtropfen.

5 Pressen Sie eine halbe Orange und eine halbe Limette aus. Verrühren Sie den Saft mit Olivenöl, Honig, Senf, Salz und Pfeffer in einer kleinen Schüssel.

6 Verteilen Sie den Feldsalat in 4 Schüsseln. Geben Sie Kartoffeln, Kichererbsen, Brokkoli, Karotten, Gurken, Wassermelonen-Rettich und Rotkohl darauf. Legen Sie die Halloumi- und die Avocado-Scheiben dazu. Streuen Sie die Mandeln und die Chiasamen darüber. Garnieren Sie jede Bowl mit einer Orangen- und einer Limettenscheibe und beträufeln Sie alles mit dem Dressing.

Avocado-Bohnen-Bowl mit Ei

2 Port. 20 Min. Leicht

Zutaten

2 Eier	
1 reife Avocado	
100 g Kidneybohnen	
100 g Mais	
8-10 Kirschtomaten	
4 Radieschen	
1 kleine Handvoll Blattsalat (z. B. Lollo bianco oder Römersalat)	
1 EL Olivenöl	
1 TL Zitronensaft	
Salz, Pfeffer und Chiliflocken nach Geschmack	

Nährwerte p. P.

420 kcal, 24 g kh,
26 g Fett, 20 g Eiweiß

1 In einem Topf Wasser zum Kochen bringen und Eier etwa 7 Minuten für ein wachsweiches Eigelb oder 9 Minuten für hartgekochte Eier garen. Eier unter kaltem Wasser abschrecken, schälen und halbieren.

2 Spülen Sie Kidneybohnen und Mais in einem Sieb unter fließendem Wasser ab und lassen Sie sie gut abtropfen. Waschen Sie die Kirschtomaten und halbieren Sie sie. Putzen Sie die Radieschen und schneiden Sie sie in kleine Würfel.

3 Blattsalat waschen, trocken schleudern und in mundgerechte Stücke zupfen. Avocado schälen, Kern entfernen und Fruchtfleisch würfeln. Avocadowürfel sofort mit Zitronensaft beträufeln.

4 Verteilen Sie alle Zutaten nebeneinander in 2 Schüsseln: zuerst Blattsalat, dann Mais, Bohnen, Radieschen, Tomaten, Avocado und Eierhälften.

5 Olivenöl darüberträufeln und alles mit Salz, Pfeffer und nach Belieben etwas Chiliflocken würzen.

Hüttenkäse-Tomaten-Bowl mit Gurke

1 Port. 15 Min. Leicht

Zutaten

- 150 g Hüttenkäse
- 1 Ei
- ½ kleine Salatgurke
- 5-6 gelbe Kirschtomaten
- 1 TL Röstzwiebeln oder gehackte Walnüsse
- Salz und frisch gemahlener Pfeffer nach Geschmack
- optional: etwas Olivenöl oder Kräuter nach Wahl

Nährwerte p. P.

300 kcal, 9 g kh,
16 g Fett, 27 g Eiweiß

1 Bringen Sie einen kleinen Topf mit Wasser zum Kochen und garen Sie das Ei etwa 7 Minuten, bis das Eigelb weich, aber nicht flüssig ist.

2 Schrecken Sie es unter kaltem Wasser ab, schälen Sie es und halbieren Sie es.

3 Waschen Sie die Gurke und schneiden Sie sie in feine Scheiben.

4 Waschen Sie die gelben Tomaten und halbieren Sie sie.

5 Geben Sie den Hüttenkäse in eine Schüssel. Richten Sie darauf die Gurkenscheiben, die Tomatenhälften und das halbierte Ei an. Streuen Sie Röstzwiebeln (oder gehackte Nüsse) darüber und würzen Sie mit Salz und Pfeffer.

6 Nach Belieben können Sie etwas Olivenöl darüberträufeln oder frische Kräuter wie Schnittlauch oder Petersilie hinzufügen.

Nudel-Pilz-Bowl

2 Port. 25 Min. Leicht

Zutaten

150 g Nudeln
1 EL Sesamöl
2 Eier
100 g Champignons
2 Frühlingszwiebeln
500 ml Gemüsebrühe
1 EL Sojasoße
1 TL Miso-Paste (optional)
1 kleines Stück Nori-Alge oder Römersalatblatt zur Deko
Salz, Pfeffer nach Geschmack

Nährwerte p. P.

420 kcal, 50 g kh,
15 g Fett, 18 g Eiweiß

1 Bringen Sie in einem kleinen Topf Wasser zum Kochen und garen Sie die Eier 7 Minuten für ein weiches Eigelb. Schrecken Sie sie kalt ab, schälen Sie sie und halbieren Sie sie.

2 Putzen Sie die Champignons und schneiden Sie sie in feine Scheiben. Waschen Sie die Frühlingszwiebeln und schneiden Sie sie in Ringe.

3 Erhitzen Sie Sesamöl in einem Topf und braten Sie die Champignons darin 2-3 Minuten leicht an. Geben Sie Gemüsebrühe, Sojasoße und Miso-Paste dazu und lassen Sie alles kurz aufkochen.

4 Kochen Sie die Nudeln nach Packungsanweisung gar, gießen Sie sie ab und geben Sie sie in den Topf zur Brühe. Schmecken Sie die Suppe mit Salz und Pfeffer ab.

5 Verteilen Sie Nudeln und Brühe in zwei Schalen, legen Sie die halben Eier darauf und garnieren Sie mit Frühlingszwiebeln und etwas Nori oder Salatblatt.

Halloumi-Süßkartoffel-Bowl

2 Port. 30 Min. Leicht

Zutaten

1 kleine Süßkartoffel
150 g Halloumi
100 g gekochte Quinoa
1 kleine Rote Beete
80 g Mais
1 EL Olivenöl
Salz, Pfeffer

Für das Dressing:

2 EL Joghurt
1 EL Tahini
1 TL Zitronensaft
½ TL Honig
1 Prise Kreuzkümmel

Nährwerte p. P.

520 kcal, 40 g kh,
28 g Fett, 24 g Eiweiß

1 Backofen auf 200 °C Ober-/Unterhitze vorheizen. Süßkartoffel schälen, in Sticks schneiden, mit Olivenöl, Salz und Pfeffer mischen und 20-25 Minuten backen, bis sie goldbraun und weich sind.

2 Währenddessen Halloumi würfeln und in einer Pfanne ohne Fett goldbraun anbraten.

3 Quinoa nach Packungsanweisung kochen, abkühlen lassen und mit einer Gabel auflockern.

4 Rote Beete schälen und in feine Scheiben schneiden. Mais abspülen und abtropfen lassen.

5 Für das Dressing Joghurt, Tahini, Zitronensaft, Honig und Kreuzkümmel glatt verrühren und nach Wunsch mit etwas Wasser verdünnen.

6 Quinoa, Süßkartoffeln, Halloumi, Mais und Rote Beete nebeneinander in einer Schüssel anrichten, Dressing darübergeben und Bowl lauwarm oder kalt servieren.

Mozzarella-Radieschen-Bowl

2 Port. 20 Min. Leicht

Zutaten

100 g Mini-Mozzarella
1 Handvoll Rucola
1 Handvoll Blattsalat (z. B. Eichblattsalat, Lollo rosso)
4 Radieschen
½ Salatgurke
1 kleine Tomate
2 EL grüne Oliven
1 Scheibe Vollkornbrot
1 TL Olivenöl

Für das Dressing:

1 EL Olivenöl
1 TL Weißweinessig
1 TL Honig
Salz und Pfeffer

1 Rucola und Blattsalat waschen, trocken schleudern und in mundgerechte Stücke zupfen.

2 Schneiden Sie die Radieschen in feine Scheiben, die Gurke in halbe Scheiben und die Tomate in Würfel. Die Oliven in Ringe schneiden und die Mozzarellakugeln halbieren oder, falls Sie eine große Kuge verwenden, in Stücke zupfen.

3 Brot würfeln, in einer Pfanne mit 1 TL Olivenöl goldbraun rösten und kurz abkühlen lassen.

4 Für das Dressing Olivenöl, Essig, Honig, Salz und Pfeffer verrühren.

5 Alle Zutaten dekorativ in einer Schüssel anrichten: Salate als Basis, darauf das geschnittene Gemüse, Mozzarella, Oliven, Erdnüsse und Croûtons. Dressing darüberträufeln und sofort servieren.

Nährwerte p. P.

420 kcal, 20 g kh, 28 g Fett, 18 g Eiweiß

Fried-Rice-Bowl

2 Port. 25 Min. Leicht

Zutaten

- ½ rote Paprika
- ½ gelbe Paprika
- 1 Frühlingszwiebel
- 2 Knoblauchzehen
- ½ Zwiebel
- 2 EL Butter
- 500 g gekochter Reis vom Vortag (ca. 150 g ungekochter Reis)
- 1 EL Sojasoße
- frischer Koriander
- Pfeffer
- edelsüßes Paprikapulver

Nährwerte p. P.

493 kcal, 85 g kh,
12 g Fett, 10 g Eiweiß

1 Schneiden Sie die Paprika in mundgerechte Stücke, die Frühlingszwiebel in Ringe und hacken Sie den Koriander. Schälen Sie den Knoblauch und hacken Sie die Zwiebel fein.

2 Erhitzen Sie 1 EL Butter in einer Pfanne bei mittlerer Hitze und dünsten Sie die Zwiebelringe an, bis sie glasig sind. Pressen Sie den Knoblauch hinein. Geben Sie 1 EL Butter und den Reis hinzu und braten Sie diesen etwa 5 Minuten an.

3 Geben Sie Paprika, Sojasoße, Pfeffer und Paprikapulver hinzu und garen Sie den Fried Rice 5-10 Minuten.

4 Servieren Sie den Reis mit den Frühlingszwiebeln und gehacktem Koriander.

Tipp: Benutzen Sie Gemüse, das gerade Saison hat oder bereits in Ihrem Kühlschrank ist. Fried Rice ist das perfekte Gericht, um Reste aufzubrauchen, und kann auch noch z. B. mit Rührei erweitert werden.

Pilz-Zucchini-Bowl

4 Port. 35 Min. Leicht

Zutaten

- 300 g gemischte Pilze
- 1 Zucchini
- 1 rote Paprika
- 150 g Tomaten
- 1 Zwiebel
- 2 Knoblauchzehen
- 200 g Reis
- 4 EL Olivenöl
- ½ TL Paprikapulver
- ½ TL getrockneter Thymian
- 1 EL Zitronensaft
- 1 TL Senf
- ½ Honig
- Salz & Pfeffer

1 Reis nach Packungsanweisung zubereiten. Pilze säubern und in dünne Scheiben schneiden. Zucchini waschen und in Halbmonde schneiden. Paprika waschen, vom Kerngehäuse befreien und in feine Streifen schneiden. Tomaten waschen und würfeln. Zwiebel und Knoblauch schälen und ebenfalls würfeln.

2 2 EL Olivenöl in einer großen Pfanne erhitzen, Zwiebeln und Knoblauch darin 2 Minuten anbraten, Pilze zufügen und 5 Minuten mitbraten. Zucchini, Paprika und Tomaten zufügen und 4-5 Minuten mitbraten, alles mit Salz, Pfeffer, Paprikapulver und Thymian würzen.

3 Zitronensaft, 2 EL Olivenöl, Senf, Honig, Salz und Pfeffer miteinander vermischen.

4 Alles auf 4 Servierschalen verteilen und Dressing darübergießen.

Nährwerte p. P.

360 kcal, 50 g kh, 16 g Fett, 8 g Eiweiß

Vegane Bowls

Rucola-Walnuss-Bowl

4 Port. 20 Min. Leicht

Zutaten

200 g Rucola
1 Avocado
200 g Erdbeeren
2 Kiwis
50 g Walnüsse ohne Schale

Für das Dressing:

2 EL Olivenöl
1 EL Zitronensaft
1 TL Ahornsirup
¼ TL Salz
¼ TL Pfeffer

Nährwerte p. P.

330 kcal, 20 g kh, 25 g Fett, 6 g Eiweiß

1 Waschen Sie den Rucola und zupfen Sie größere Blätter in mundgerechte Stücke.

2 Schneiden Sie die Avocado auf und entfernen Sie den Kern. Schälen Sie die Avocado und schneiden Sie sie in dünne Scheiben.

3 Waschen Sie die Erdbeeren und halbieren Sie sie. Schälen Sie die Kiwis und schneiden Sie sie in kleine Würfel. Hacken Sie die Walnüsse grob oder lassen Sie sie ganz, je nach Vorliebe.

4 Geben Sie den Zitronensaft in eine kleine Schüssel. Fügen Sie das Olivenöl, den Ahornsirup, das Salz und den Pfeffer hinzu. Vermengen Sie das Ganze gut miteinander.

5 Verteilen Sie alles auf vier Servierschalen und gießen Sie das Dressing darüber.

Kichererbsen-Bowl

4 Port. 25 Min. Leicht

Zutaten

200 g Quinoa
400 ml Wasser
1 Kopf Brokkoli
200 g Kichererbsen aus der Dose
1 Avocado
200 g Kirschtomaten
1 Salatgurke
8 Radieschen
100 g Blattsalat
2 EL Sesam

Für das Dressing:

2 EL Olivenöl
1 EL Zitronensaft
1 TL Senf
½ TL Ahornsirup
je ¼ TL Salz & Pfeffer

1 Quinoa nach Packungsanweisung zubereiten. Brokkoli waschen, in Röschen schneiden und diese 3 Minuten in einem Topf mit Wasser garen. Kichererbsen in ein Sieb füllen und abspülen.

2 Blattsalat waschen und in mundgerechte Stücke zupfen. Avocado aufschneiden, vom Kern befreien, schälen und in dünne Scheiben schneiden. Tomaten waschen und vierteln. Gurke und Radieschen waschen und in Scheiben schneiden.

3 Zitronensaft, Olivenöl, Senf, Ahornsirup, Salz und Pfeffer in einer kleinen Schüssel vermischen.

4 Alles auf 4 Servierschalen verteilen, Dressing darübergießen und mit Sesam garnieren.

Nährwerte p. P.

380 kcal, 45 g kh, 18 g Fett, 13 g Eiweiß

Falafel-Avocado-Bowl

4 Port. 30 Min. Mittel

Zutaten

Für die Falafeln:

- 1 Dose Kichererbsen
- 1 kleine Zwiebel
- 2 Knoblauchzehen
- 1 Bund Petersilie
- 1 TL Kreuzkümmel
- ½ TL Korianderpulver
- ½ TL Salz & ¼ TL Pfeffer
- 1 TL Backpulver
- 3 EL Mehl
- 3 EL Sesamsamen
- 2 EL Olivenöl zum Braten

Für die Bowl:

- ½ Kopf Salat
- 2 Wassermelonen-Rettiche
- 1 Avocado
- 2 TL Sesam
- 1 Zitrone
- 1 TL Zitronensaft

Für die Soße:

- 200 g Sojajoghurt
- 2 EL Zitronensaft
- 1 EL Olivenöl
- 1 TL Senf
- 1 TL Knoblauchpulver
- ½ TL Salz & ¼ TL Pfeffer

1 Kichererbsen abtropfen lassen. Zwiebel und Knoblauch schälen und grob hacken. Petersilie waschen und fein hacken, eine Handvoll für die Garnitur zur Seite legen.

2 Kichererbsen, Zwiebel, Knoblauch, Petersilie, Kreuzkümmel, Korianderpulver, Salz und Pfeffer in eine Küchenmaschine geben und zu einer groben, formbaren Masse mixen. Backpulver und Mehl zufügen und alles vermengen. Mit den Händen kleine Bällchen formen, diese mit Sesamsamen bestreuen und leicht andrücken.

3 Öl in einer Pfanne erhitzen, Falafeln hineingeben und 3-4 Minuten pro Seite goldbraun und knusprig braten.

4 Zitrone waschen und vierteln. Wassermelonen-Rettiche waschen und in dünne Scheiben schneiden. Salat waschen und in mundgerechte Stücke zupfen. Avocado aufschneiden, Kern entfernen, Fruchtfleisch aus der Schale lösen und in Scheiben schneiden. Avocadoscheiben auf einen Teller legen und mit 1 TL Zitronensaft beträufeln.

5 Joghurt, Zitronensaft, Öl, Senf, Knoblauchpulver, Salz und Pfeffer in einer kleinen Schüssel verrühren.

6 Alles auf 4 Servierschalen verteilen, Dressing darüberträufeln und mit Sesam als Garnitur bestreuen.

Nährwerte p. P.

450 kcal, 40 g kh, 28 g Fett, 14 g Eiweiß

Kartoffel-Bowl mit geröstetem Gemüse

4 Port. 30 Min. Leicht

Zutaten

Für das Ofengemüse:

- 500 g Kartoffeln
- 1 Zucchini
- 1 rote Paprika
- 1 grüne Paprika
- 1 große Zwiebel
- 3 Knoblauchzehen
- 3 EL Olivenöl
- 1 TL Salz
- ½ TL Pfeffer
- 1 TL Paprikapulver
- ½ TL Kreuzkümmel
- ½ TL getrockneter Thymian
- ½ TL getrockneter Oregano

Für die Garnitur:

- 150 g ganze Kirschtomaten
- ½ Bund frische Petersilie

Für das Dressing:

- 2 EL Tahin (Sesampaste)
- 1 EL Zitronensaft
- 1 EL Ahornsirup
- 2 EL Wasser
- ¼ TL Salz
- ¼ TL Pfeffer

1 Heizen Sie den Ofen auf 200 °C Ober-/Unterhitze vor und legen Sie ein Backblech mit Backpapier aus.

2 Waschen Sie die Kartoffeln und schneiden Sie sie in Würfel. Waschen Sie die Paprika, entfernen Sie jeweils das Kerngehäuse und schneiden Sie sie in Streifen. Waschen Sie die Zucchini und schneiden Sie sie in Scheiben. Schälen Sie Zwiebel und Knoblauch und schneiden Sie sie in Würfel. Waschen Sie die Tomaten und legen Sie sie zur Seite. Waschen Sie die Petersilie, schütteln Sie sie trocken, hacken Sie sie grob und legen Sie sie ebenfalls zur Seite.

3 Vermengen Sie Kartoffeln, Zucchini, Paprika, Zwiebeln und Knoblauch mit Öl, Salz, Pfeffer, Paprikapulver, Kreuzkümmel, Thymian und Oregano gründlich miteinander, sodass das Gemüse gleichmäßig mit Gewürzen bedeckt ist. Verteilen Sie das Ganze auf dem Backblech und backen Sie es ca. 20 Minuten. Wenden Sie das Gemüse nach der Hälfte der Backzeit.

4 Geben Sie das Tahin in eine kleine Schüssel, fügen Sie Zitronensaft, Ahornsirup, Wasser, Salz und Pfeffer hinzu und vermengen Sie das Ganze gut miteinander.

5 Verteilen Sie alles auf 4 Servierschalen und gießen Sie das Dressing darüber.

Nährwerte p. P.

340 kcal, 50 g kh, 14 g Fett, 6 g Eiweiß

Ofenkartoffel-Bowl

1 Port. 30 Min. Leicht

Zutaten

5 Kartoffeln	
½ Avocado	
½ Salatgurke	
½ rote Paprika	
1 Handvoll Cocktailtomaten	
60 g Mais, Dose	
1 Handvoll gemischter Salat	
etwas Öl	
Salz und Pfeffer	

Nährwerte p. P.

725 kcal, 74 g kh,
37 g Fett, 14 g Eiweiß

1 Heizen Sie den Ofen auf 180 °C Umluft vor und legen Sie ein Backblech mit Backpapier aus.

2 Schneiden Sie die Kartoffeln so ein, dass dünne Streifen entstehen. Bepinseln Sie die Kartoffeln mit etwas Öl, streuen Sie Salz und Pfeffer darüber und backen Sie sie für 20-30 Minuten.

3 Schneiden Sie währenddessen die Avocado und die Gurke in Scheiben, die Paprika in Streifen und die Tomaten in Hälften.

4 Richten Sie alle Zutaten in einer Schale auf einem Bett aus Salat an.

Süßkartoffel-Avocado-Bowl

1 Port. 20 Min. Leicht

Zutaten

60 g Quinoa
1 Handvoll Blattsalat
2 EL Kichererbsen, Dose
½ Avocado
½ Süßkartoffel
1 Handvoll Blattspinat
Salz
etwas Olivenöl

Nährwerte p. P.

394 kcal, 26 g kh,
26 g Fett, 9 g Eiweiß

1 Die Quinoa nach Packungsanleitung zubereiten und abkühlen lassen.

2 Schneiden Sie die Süßkartoffel und die Avocado in mundgerechte Stücke.

3 In einer Pfanne werden mit etwas Öl zuerst die Süßkartoffel, dann die Kichererbsen und zum Schluss kurz die Avocado angeröstet. Würzen Sie sparsam mit etwas Salz.

4 Hacken Sie den Blattspinat grob. In eine Schale werden nun alle Zutaten gefüllt. Salat, Quinoa und Spinat bilden die kalte Seite der Schale, das geröstete Gemüse die warme.

Algensalat-Shiitake-Bowl mit Tofu

2 Port. 30 Min. Leicht

Zutaten

- 150 g fester Tofu
- 100 g Shiitake-Pilze
- 2 TL Sesamöl
- 1 TL + 1 EL Sojasoße
- ½ Salatgurke
- ½ Avocado
- 1 Handvoll Radicchio
- 2 EL Algensalat
- ½ Grapefruit
- ½ grüne Chilischote
- 1 EL Sesamsamen
- 100 g gegarte Quinoa
- 1 EL Reisessig
- 1 EL Ahornsirup
- 1 TL Limettensaft

1 Tofu würfeln und trocken tupfen. 1 TL Sesamöl in einer Pfanne erhitzen und Tofu darin goldbraun braten. 1 TL Sojasoße zufügen, kurz einkochen lassen und Tofu aus der Pfanne nehmen.

2 Shiitakes putzen, in Scheiben schneiden und in derselben Pfanne kurz anbraten.

3 Gurke waschen und in Scheiben schneiden. Avocado halbieren, entkernen, Fruchtfleisch herauslösen und in Stücke schneiden. Radicchio in Streifen, Grapefruit und Chili in Scheiben schneiden.

4 Dressing aus 1 ELSojasoße, Reisessig, Ahornsirup, 1 TL Sesamöl und Limettensaft anrühren.

5 Quinoa in 2 Schalen anrichten und Tofu, Shiitakes, Radicchio, Gurke, Avocado, Algensalat und Grapefruit darauf verteilen. Mit Chilis und Sesam bestreuen und Dressing darüberträufeln.

Nährwerte p. P.

470 kcal, 38 g kh, 24 g Fett, 21 g Eiweiß

Tofu-Brokkoli-Bowl mit Sesam

2 Port. 25 Min. Leicht

Zutaten

- 150 g fester Tofu
- 1 kleiner Brokkoli
- 120 g Reis
- 1 EL Sesamöl
- 2 EL Sojasoße
- 1 TL Ahornsirup oder Agavendicksaft
- 1 TL Reisessig oder Limettensaft
- 1 TL geriebener frischer Ingwer (optional)
- 1 TL schwarze oder weiße Sesamsamen
- Salz nach Geschmack

Nährwerte p. P.

480 kcal, 52 g kh,
19 g Fett, 21 g Eiweiß

1 Kochen Sie den Reis nach Packungsanweisung in leicht gesalzenem Wasser, bis er gar ist. Gießen Sie ihn ab und halten Sie ihn warm.

2 Schneiden Sie den Tofu in Würfel und tupfen Sie ihn mit Küchenpapier gut trocken. Erhitzen Sie das Sesamöl in einer Pfanne und braten Sie den Tofu rundherum goldbraun an.

3 In einer kleinen Schüssel Sojasoße, Ahornsirup, Reisessig und geriebenen Ingwer verrühren. Gießen Sie die Mischung über den Tofu, rühren Sie um und lassen Sie die Sauce kurz einkochen, bis sie leicht karamellisiert.

4 Währenddessen den Brokkoli in kleine Röschen teilen, in leicht gesalzenem Wasser 3-4 Minuten blanchieren und in Eiswasser abschrecken, damit er seine grüne Farbe behält.

5 Richten Sie den Reis in einer Schüssel an und verteilen Sie den Brokkoli und den glasierten Tofu darüber. Bestreuen Sie die Bowl mit Sesam und servieren Sie sie sofort.

Bohnen-Coleslaw-Bowl

2 Port. 30 Min. Leicht

Zutaten

1 kleine Zwiebel
1 Knoblauchzehe
1 TL Olivenöl
1 Dose Kidneybohnen
1 Dose Linsen
150 ml passierte Tomaten
1 TL Paprikapulver
½ TL Kreuzkümmel
1 TL Sojasoße
150 g Weißkohl
1 kleine Karotte
1 Handvoll Spinat
2 EL Mais
1 EL Sojajoghurt
1 TL Apfelessig
1 TL Zitronensaft
1 TL Ahornsirup
Salz und Pfeffer

1 Zwiebel und Knoblauch schälen und fein hacken. Öl in einer Pfanne erhitzen, Zwiebel und Knoblauch hineingeben und glasig dünsten.

2 Bohnen und Linsen unter kaltem Wasser abspülen und in die Pfanne geben, passierte Tomaten, Gewürze und Sojasoße zufügen, alles etwa 10 Minuten leicht köcheln lassen, bis die Soße etwas eindickt, und mit Salz und Pfeffer würzen.

3 Weißkohl in Streifen schneiden, salzen und 1-2 Minuten kneten. Karotte fein schneiden und mit Kohl, Spinat und Mais mischen.

4 Aus Joghurt, Apfelessig, Zitronensaft, Ahornsirup, Salz und Pfeffer ein Dressing anrühren und dieses mit dem Gemüse vermengen.

5 In 2 Schalen Bohnenmix auf der einen Seite und Coleslaw auf der anderen Seite anrichten. Bowls warm oder lauwarm servieren.

Nährwerte p. P.

490 kcal, 65 g kh, 12 g Fett, 22 g Eiweiß

Bulgur-Kürbis-Bowl

2 Port. 30 Min. Leicht

Zutaten

120 g Bulgur
250 g Hokkaido-Kürbis
1 EL Olivenöl
Salz und Pfeffer
1 Prise Zimt (optional)
1 EL Kürbiskerne
2 EL Pekannüsse
2 EL Granatapfelkerne
1 TL Zitronensaft oder Apfelessig
1 TL Ahornsirup

Nährwerte p. P.

510 kcal, 56 g kh,
23 g Fett, 14 g Eiweiß

1 Kochen Sie den Bulgur nach Packungsanweisung in leicht gesalzenem Wasser, lassen Sie ihn abgedeckt quellen und etwas abkühlen.

2 Waschen Sie den Kürbis, entfernen Sie die Kerne und schneiden Sie ihn in dünne Spalten.

3 Erhitzen Sie das Olivenöl in einer Pfanne, geben Sie die Kürbisspalten hinein und braten Sie sie bei mittlerer Hitze 6-8 Minuten von beiden Seiten goldbraun. Würzen Sie sie mit Salz, Pfeffer und, wenn Sie mögen, einer Prise Zimt.

4 Rösten Sie Kürbiskerne und Pekannüsse in einer kleinen Pfanne ohne Fett leicht an.

5 Vermengen Sie den Bulgur mit Zitronensaft und Ahornsirup und verteilen Sie ihn in zwei Schalen.

6 Richten Sie darauf die Kürbisspalten an und bestreuen Sie die Bowl mit Pekannüssen, Kürbiskernen und Granatapfelkernen.

Butternut-Aprikosen-Bowl

2 Port. 30 Min. Leicht

Zutaten

- 120 g Basmatireis
- 250 g Butternut-Kürbis
- 4 getrocknete Aprikosen
- 2 Mandarinen
- 1 kleine Zwiebel
- 1 EL Olivenöl
- ½ TL Kurkuma
- ½ TL Kreuzkümmel
- ¼ TL Zimt
- 1 Prise Salz
- 1 TL Ahornsirup
- 1 EL geschälte Mandeln
- frischer Koriander

Nährwerte p. P.

520 kcal, 74 g kh,
18 g Fett, 12 g Eiweiß

1 Reis unter kaltem Wasser abspülen, nach Packungsanweisung in leicht gesalzenem Wasser kochen und beiseitestellen.

2 Kürbis würfeln, Zwiebel schälen und fein hacken. Öl in einer großen Pfanne erhitzen, Zwiebel hineingeben und glasig braten. Kürbis zufügen und 5-6 Minuten mitbraten.

3 Aprikosen in kleine Stücke schneiden und mit Kurkuma, Kreuzkümmel und Zimt in die Pfanne geben. 100 ml Wasser dazugießen, Pfanne abdecken und alles 10 Minuten sanft köcheln lassen.

4 Mandarinen pellen, in Spalten teilen und mit Ahornsirup in die Pfanne geben, um sie zu glasieren.

5 Reis mit Kürbis-Aprikosen-Mischung vermengen und alles vorsichtig durchrühren.

6 Mandeln in einer kleinen Pfanne ohne Fett goldbraun rösten, über die Bowl streuen und alles mit frischem Koriander garnieren.

Avocado-Tofu-Bowl

2 Port. 25 Min. Leicht

Zutaten

200 g fester Tofu
1 Avocado
1 kleine Limette
2 Handvoll Babyspinat
80 g Karotte
100 g Rotkohl
4 Radieschen
6 Cherrytomaten
4 EL Kichererbsen
2 EL Kürbiskerne
1 EL Leinsamen
2 Scheiben Vollkorntoast
1 EL Olivenöl
Salz und Pfeffer

Nährwerte p. P.

520 kcal, 30 g kh,
32 g Fett, 22 g Eiweiß

1 Tofu würfeln und in einer Pfanne in Öl 6-8 Minuten goldbraun anbraten. Tofu mit Salz und Pfeffer würzen.

2 Avocado halbieren, Kern entfernen, Schale lösen, Hälften mit der Schnittfläche nach unten in eine Grillpfanne legen und 1-2 Minuten rösten.

3 Karotte raspeln, Rotkohl in Streifen hobeln, Radieschen in Scheiben schneiden, Cherrytomaten halbieren und Spinat waschen und trocken schleudern. Diese Zutaten nebeneinander in einer Schüssel anrichten.

4 Brotscheiben im Toaster leicht knusprig rösten.

5 Babyspinat als Basis in 2 weiteren Schüsseln verteilen und Kichererbsen, Kürbiskerne, Tofu und jeweils eine halbe Avocado darübergeben. Mit Leinsamen, je einer halben Limette und Toastwürfeln garnieren.

Hierzu passt das „Tahini-Dressing“ auf Seite 70.

Kürbis-Kichererbsen-Bowl

4 Port. 30 Min. Leicht

Zutaten

1 kleiner Hokkaido-Kürbis
200 g Kichererbsen, Dose
1 Avocado
100 g Blattsalat
2 TL + 2 EL Olivenöl
½ TL Paprikapulver
1 Handvoll Erbsensprossen
1 EL Zitronensaft
½ TL Ahornsirup
Salz & Pfeffer

Nährwerte p. P.

380 kcal, 35 g kh, 22 g Fett, 9 g Eiweiß

1 Backofen auf 200 °C Ober-/Unterhitze vorheizen. Kürbis waschen, würfeln und mit 1 TL Olivenöl, Salz, Pfeffer und Paprikapulver in einer Schüssel gründlich vermengen, sodass die Würfel gleichmäßig mit den Gewürzen bedeckt sind.

2 Ein Backblech mit Backpapier auslegen, Kürbiswürfel gleichmäßig darauf verteilen und 15 Minuten backen.

3 Kichererbsen in ein Sieb gießen und abspülen. 1 TL Olivenöl in einer Pfanne erhitzen, Kichererbsen hineingeben und 3 Minuten anbraten.

4 Blattsalat waschen und in mundgerechte Stücke zupfen. Erbsensprossen waschen. Avocado aufschneiden, vom Kern befreien, schälen und in dünne Scheiben schneiden.

5 Zitronensaft mit 2 EL Olivenöl, Ahornsirup, Salz und Pfeffer in einer kleinen Schüssel vermengen.

6 Alles auf 4 Servierschalen verteilen, mit Erbsensprossen garnieren und Dressing darübergießen.

Dips & Soßen

Curry-Dip

4 Port. 10 Min. Leicht

Zutaten

- 200 g Joghurt
- 100 g Mayonnaise
- 1 TL Currypulver
- ½ TL Kurkumapulver
- ½ TL Paprikapulver (mild oder edelsüß)
- 1 TL Zitronensaft
- ½ TL Honig
- ½ TL Salz
- ¼ TL Pfeffer

Nährwerte p. P.

160 kcal, 5 g kh,
14 g Fett, 2 g Eiweiß

1 Geben Sie den Joghurt in eine große Rührschüssel. Fügen Sie die Mayonnaise, das Currypulver, das Kurkumapulver und das Paprikapulver hinzu. Rühren Sie das Ganze mit einem Löffel oder einem Schneebesen kräftig um, bis sich die Gewürze gleichmäßig verteilt haben.

2 Geben Sie anschließend den Zitronensaft, den Honig, das Salz und den Pfeffer hinzu. Rühren Sie für weitere 30 Sekunden kräftig um, bis der Dip eine glatte und cremige Konsistenz erreicht.

3 Probieren Sie den Dip und geben Sie bei Bedarf etwas mehr Currypulver, Salz oder Pfeffer hinzu. Servieren Sie den Curry-Dip sofort.

Zaziki

4 Port. 25 Min. Leicht

Zutaten

400 g griechischer Joghurt
1 Salatgurke
2 Knoblauchzehen
1 EL Olivenöl
1 TL Zitronensaft
1 TL Weißweinessig
½ TL Salz
¼ TL Pfeffer

Nährwerte p. P.

130 kcal, 6 g kh, 8 g Fett, 7 g Eiweiß

1 Waschen Sie die Gurke unter kaltem Wasser ab und trocknen Sie sie mit einem Küchentuch. Schneiden Sie die Enden der Gurke ab und entsorgen Sie diese. Reiben Sie die Gurke mit einer feinen Reibe in eine Schüssel. Geben Sie die geriebene Gurke in ein sauberes Küchentuch oder ein Sieb und drücken Sie sie mit den Händen kräftig aus, um überschüssiges Wasser zu entfernen. Schälen Sie die Knoblauchzehen und schneiden Sie sie fein.

2 Füllen Sie den griechischen Joghurt in eine große Rührschüssel. Fügen Sie die Gurke, den Knoblauch, das Olivenöl, den Zitronensaft, den Weißweinessig, das Salz und den Pfeffer hinzu. Rühren Sie das Zaziki mit einem Löffel oder Schneebesen gründlich um, bis alle Zutaten gleichmäßig vermischt sind.

3 Anschließend lassen Sie das Zaziki für mindestens 10 Minuten im Kühlschrank ziehen. Rühren Sie es nach der Ziehzeit erneut um. Servieren Sie das Zaziki sofort als Dip oder Beilage.

Frühlingszwiebel-Frischkäse

4 Port. 10 Min. Leicht

Zutaten

250 g Kräuterfrischkäse	
100 g Schmand	
2 Frühlingszwiebeln	
1 EL Zitronensaft	
1 EL Olivenöl	
½ TL Salz	
¼ TL Pfeffer	

Nährwerte p. P.

*220 kcal, 3 g kh,
21 g Fett, 4 g Eiweiß*

1 Waschen Sie die Frühlingszwiebeln unter kaltem Wasser und schütteln Sie sie trocken. Anschließend schneiden Sie die Wurzelenden ab und schneiden sie in feine Ringe. Legen Sie 2 EL der Frühlingszwiebeln für die Garnitur beiseite.

2 Geben Sie den Frischkäse in eine große Rührschüssel. Fügen Sie den Schmand, die Frühlingszwiebeln, den Zitronensaft, das Olivenöl, das Salz und den Pfeffer hinzu. Rühren Sie mit einem Löffel oder Schneebesen gründlich um, bis alle Zutaten gleichmäßig vermengt sind.

3 Schmecken Sie nach Belieben ab und streuen Sie die beiseitegelegten Frühlingszwiebeln als Garnitur darüber. Servieren Sie den Frischkäse-Dip sofort.

Käse-Sahne-Dip

4 Port. 10 Min. Leicht

Zutaten

- 250 g körniger Frischkäse
- 100 ml Sahne
- 1 Bund frischer Schnittlauch
- 1 EL Zitronensaft
- ½ TL Salz
- ¼ TL Pfeffer

Nährwerte p. P.

210 kcal, 4 g kh, 18 g Fett, 12 g Eiweiß

1 Spülen Sie den Schnittlauch unter kaltem Wasser ab und schütteln Sie ihn trocken. Anschließend schneiden Sie den Schnittlauch mit einer Schere oder einem Messer in feine Ringe. Legen Sie 2 EL für die Garnitur beiseite.

2 Geben Sie den Frischkäse in eine große Rührschüssel. Fügen Sie die Sahne, den Schnittlauch, den Zitronensaft, das Salz und den Pfeffer hinzu. Rühren Sie mit einem Löffel oder Schneebesen gründlich um, bis alle Zutaten gleichmäßig vermengt sind.

3 Schmecken Sie den Dip nach Belieben ab und streuen Sie den beiseitegelegten Schnittlauch als Garnitur darüber. Servieren Sie den Käse-Sahne-Dip sofort.

Knoblauchsoße

4 Port. 15 Min. Leicht

Zutaten

- 200 g Crème fraîche
- 100 ml Mayonnaise
- 3 Knoblauchzehen
- 1 EL Zitronensaft
- 1 TL Olivenöl
- ½ TL Salz
- ¼ TL Pfeffer

Nährwerte p. P.

270 kcal, 3 g kh,
28 g Fett, 2 g Eiweiß

1 Schälen Sie die Knoblauchzehen und pressen Sie sie mit einer Knoblauchpresse direkt in eine kleine Schüssel.

2 Geben Sie die Crème fraîche in eine große Rührschüssel. Fügen Sie die Mayonnaise, den Knoblauch, den Zitronensaft, das Olivenöl, das Salz und den Pfeffer hinzu. Rühren Sie dann gründlich um, bis alle Zutaten gleichmäßig vermengt sind.

3 Schmecken Sie die Soße ab und servieren Sie sie sofort als Dip oder Beilage.

Salsasoße

4 Port. 15 Min. Leicht

Zutaten

- 4 große Tomaten
- 1 kleine Zwiebel
- 1 Knoblauchzehe
- 1 kleine rote Chilischote
- 1 EL Olivenöl
- 1 TL Zitronensaft
- ½ TL Salz
- ¼ TL Pfeffer
- ½ TL Zucker
- 1 kleiner Bund Petersilie

Nährwerte p. P.

40 kcal, 9 g kh, 2 g Fett, 1 g Eiweiß

1 Waschen Sie die Tomaten unter kaltem Wasser und trocknen Sie sie mit einem Küchentuch. Entfernen Sie das Grün und schneiden Sie sie anschließend in kleine Würfel. Schälen Sie die Zwiebel und schneiden Sie sie in feine Würfel. Schälen Sie die Knoblauchzehe und hacken Sie sie sehr fein oder pressen Sie sie mit einer Knoblauchpresse. Schneiden Sie die Chilischote der Länge nach auf, entfernen Sie nach Wunsch die Kerne und schneiden Sie sie in sehr feine Würfel. Waschen Sie die Petersilie, schütteln Sie sie trocken und hacken Sie sie fein.

2 Geben Sie die Tomatenstücke, die Zwiebelwürfel, den Knoblauch und die Chiliwürfel in eine große Schüssel. Fügen Sie das Olivenöl, den Zitronensaft, die Petersilie, das Salz, den Pfeffer und den Zucker hinzu. Rühren Sie die Soße gründlich um, bis alle Zutaten gleichmäßig vermengt sind.

3 Schmecken Sie nach Belieben ab und servieren Sie die Salsa-Soße sofort als Dip oder Beilage.

Walnuss-Paprika-Dip

4 Port. 25 Min. Leicht

Zutaten

2 rote Paprika
80 g Walnüsse
1 Knoblauchzehe
1 EL Olivenöl
1 TL Limettensaft
½ TL Salz
¼ TL Pfeffer
½ TL Paprikapulver (edelsüß oder scharf)

Nährwerte p. P.

250 kcal, 10 g kh,
22 g Fett, 6 g Eiweiß

1 Spülen Sie die Paprika ab, entfernen Sie jeweils das Kerngehäuse und die weißen Innenhäute. Schneiden Sie sie in grobe Stücke. Schälen Sie die Knoblauchzehe und hacken Sie sie fein. Hacken Sie die Walnüsse grob in kleinere Stücke.

2 Erhitzen Sie eine Pfanne ohne Öl. Geben Sie die gehackten Walnüsse hinein und rösten Sie sie für 3 Minuten unter ständigem Rühren an.

3 Geben Sie die Paprikastücke in die heiße Pfanne und rösten Sie sie für 5 Minuten an, bis sie weich sind und leicht gebräunte Stellen bekommen. Geben Sie den Knoblauch für die letzte Minute hinzu. Nehmen Sie anschließend die Pfanne vom Herd und lassen Sie das Ganze abkühlen.

4 Geben Sie die Paprika in einen Mixer. Fügen Sie Walnüsse, Knoblauch, Öl, Limettensaft, Salz, Pfeffer und Paprikapulver hinzu. Mixen Sie das Ganze für 1-2 Minuten, bis eine cremige Konsistenz erreicht ist.

5 Schmecken Sie den Dip nach Belieben ab.

Kichererbsen-Dip

4 Port. 15 Min. Leicht

Zutaten

- 400 g Kichererbsen aus der Dose
- 1 Knoblauchzehe
- 1 EL Zitronensaft
- 2 EL Olivenöl
- 2 EL Tahini (Sesampaste)
- ½ TL Salz
- ¼ TL Pfeffer
- etwas Kreuzkümmel
- 1 kleiner Bund Petersilie
- 4 Petersilienblätter für die Garnitur

Nährwerte p. P.

290 kcal, 30 g kh,
16 g Fett, 9 g Eiweiß

1 Geben Sie die Kichererbsen in ein Sieb und spülen Sie sie unter kaltem Wasser ab. Lassen Sie sie anschließend gut abtropfen. Legen Sie für die Garnitur 4 EL zur Seite.

2 Schälen Sie die Knoblauchzehe und hacken Sie sie fein. Waschen Sie die Petersilie, schütteln Sie sie trocken und hacken Sie sie bis auf ein paar Blättchen fein.

3 Geben Sie die Kichererbsen in einen leistungsstarken Mixer. Fügen Sie den Knoblauch, den Zitronensaft, das Olivenöl, das Tahini, die Petersilie, das Salz, den Pfeffer und den Kreuzkümmel hinzu. Mixen Sie das Ganze für 1-2 Minuten auf mittlerer Stufe, bis eine glatte Konsistenz erreicht ist.

4 Schmecken Sie den Dip ab und garnieren Sie ihn mit den übrigen Kichererbsen und den Petersilienblättchen. Servieren Sie den Kichererbsen-Dip sofort.

Tomatensoße

4 Port. 30 Min. Leicht

Zutaten

- 6 große Tomaten
- 1 kleine Zwiebel
- 2 Knoblauchzehen
- 2 EL Olivenöl
- 1 TL Tomatenmark
- ½ TL Salz & ¼ TL Pfeffer
- 1 TL Zucker
- 1 TL Oregano, getrocknet
- ½ TL Basilikum, getrocknet
- 100 ml Gemüsebrühe
- 1 TL Zitronensaft
- 4 frische Basilikumblätter

Nährwerte p. P.

90 kcal, 16 g kh,
6 g Fett, 2 g Eiweiß

1 Tomaten waschen und würfeln. Zwiebel und Knoblauch schälen und fein hacken.

2 Olivenöl in einer Pfanne bei mittlerer Hitze erhitzen. Zwiebel hineingeben und 3 Minuten unter ständigem Rühren glasig anbraten. Knoblauch zufügen und weitere 3 Minuten mitbraten.

3 Tomaten zufügen, gut umrühren und 5 Minuten unter gelegentlichem Rühren köcheln lassen. Tomatenmark, Salz, Pfeffer, Zucker, Oregano und Basilikum zufügen und Soße 2 Minuten gut umrühren.

4 Gemüsebrühe dazugießen und unterrühren, Hitze reduzieren und Soße 15 Minuten köcheln lassen, dabei regelmäßig umrühren, damit nichts anbrennt.

5 Soße für 30 Sekunden pürieren, bis die gewünschte Konsistenz erreicht ist, dann weitere 2 Minuten auf niedriger Hitze ziehen lassen. Soße mit Salz, Pfeffer und Zitronensaft abschmecken und mit Basilikumblättern garnieren.

Ingwer-Chili-Soße

4 Port. 15 Min. Leicht

Zutaten

1 kleine Zwiebel	
4 cm Ingwer	
1 Knoblauchzehe	
1 rote Chilischote	
2 EL Öl	
1 TL Paprikapulver (edelsüß oder scharf)	
1 TL Sojasoße	
1 EL Honig	
200 ml Gemüsebrühe	
1 EL Tomatenmark	
1 TL Zitronensaft	
½ TL Salz	
¼ TL Pfeffer	

Nährwerte p. P.

90 kcal, 12 g kh,
4 g Fett, 1 g Eiweiß

1 Zwiebel und Ingwer schälen und würfeln. Knoblauch schälen und fein hacken. Chilischote der Länge nach aufschneiden, ggf. von Kernen befreien (für eine mildere Soße) und in feine Ringe schneiden.

2 Öl in einer Pfanne erhitzen, Zwiebeln hineingeben und 3 Minuten unter ständigem Rühren glasig anbraten. Ingwer zufügen und 1 Minute weiterrühren. Knoblauch dazugeben und 30 Sekunden mitbraten. Chilischote zufügen und erneut 1 Minute umrühren.

3 Paprikapulver zufügen und 30 Sekunden unterrühren. Tomatenmark dazugeben und für 1 Minute einrühren. Gemüsebrühe langsam dazugießen und kräftig umrühren. Sojasoße zufügen und Soße 2 Minuten köcheln lassen.

4 Honig in die Soße rühren, Zitronensaft, Salz und Pfeffer zufügen, kräftig umrühren und nochmals abschmecken.

Erdnuss-Dip

4 Port. 10 Min. Leicht

Zutaten

- 3 EL Erdnussbutter (cremig oder stückig)
- 1 EL Sojasoße
- 1 TL Limettensaft
- 1 TL Honig
- 1 kleine Knoblauchzehe
- ½ TL frischer Ingwer
- 50-80 ml warmes Wasser (je nach gewünschter Konsistenz)
- optional: 1 TL Sesamöl oder Chiliöl für mehr Aroma

Nährwerte p. P.

180 kcal, 7 g kh,
14 g Fett, 6 g Eiweiß

1 Schälen Sie Knoblauch und Ingwer und pressen Sie beides.

2 Geben Sie die Erdnussbutter in eine Schüssel und verrühren Sie sie mit der Sojasoße, dem Limettensaft und dem Honig zu einer glatten Masse.

3 Fügen Sie Knoblauch und Ingwer hinzu und rühren Sie gründlich um.

4 Gießen Sie anschließend nach und nach warmes Wasser hinzu, bis die gewünschte Konsistenz erreicht ist – cremig für Bowls oder etwas flüssiger als Dressing.

5 Schmecken Sie den Dip nach Belieben mit etwas Sesamöl oder Chiliöl ab.

Makrelen-Dip

4 Port. 10 Min. Leicht

Zutaten

- 1 Dose Makrele in eigenem Saft oder Öl (ca. 200 g, abgetropft)
- 100 g Frischkäse oder Quark
- 1 TL Senf
- 1 EL Zitronensaft
- 1 EL Dill (frisch oder tiefgekühlt)
- ½ kleine Zwiebel
- Salz und Pfeffer nach Geschmack
- optional: etwas Zitronenabrieb für mehr Frische

Nährwerte p. P.

90 kcal, 2 g kh,
12 g Fett, 16 g Eiweiß

1 Lassen Sie den Fisch gut abtropfen und zerdrücken Sie ihn anschließend mit einer Gabel in einer Schüssel.

2 Schälen und hacken Sie die Zwiebel sehr fein. Waschen Sie den Dill, schütteln Sie ihn trocken und hacken Sie ihn klein.

3 Geben Sie Frischkäse, Senf, Zitronensaft, gehackten Dill und Zwiebel zu den Makrelenstücken. Vermengen Sie alles sorgfältig, bis eine cremige, gleichmäßige Masse entsteht.

4 Schmecken Sie den Dip mit Salz, Pfeffer und nach Wunsch etwas Zitronenabrieb ab.

5 Stellen Sie den Dip etwa 30 Minuten kalt, damit sich die Aromen voll entfalten.

Ananas-Dip

4 Port. 15 Min. Leicht

Zutaten

½ frische Ananas
200 g Frischkäse
2 EL Joghurt, natur
1 TL Honig oder Agavendicksaft
1 TL Zitronensaft
Salz und Pfeffer nach Geschmack
optional: 1-2 EL gehackte Walnüsse oder Cashewkerne

Nährwerte p. P.

160 kcal, 17 g kh,
7 g Fett, 6 g Eiweiß

1 Schneiden Sie die Ananashälfte längs durch und höhlen Sie sie mit einem Messer und einem Löffel vorsichtig aus. Schneiden Sie das herausgelöste Fruchtfleisch in kleine Stücke und lassen Sie es kurz in einem Sieb abtropfen.

2 Geben Sie Frischkäse, Joghurt, Honig und Zitronensaft in eine Schüssel und verrühren Sie alles zu einer glatten Creme.

3 Fügen Sie die Ananasstücke hinzu und heben Sie sie vorsichtig unter.

4 Schmecken Sie den Dip mit Salz und Pfeffer ab.

5 Optional können Sie den Dip mit gehackten Nüssen verfeinern, um ihm mehr Textur und ein leicht nussiges Aroma zu geben.

6 Füllen Sie den fertigen Dip zurück in die ausgehöhlte Ananashälfte und stellen Sie ihn bis zum Servieren kühl.

Granatapfelsoße

4 Port. 15 Min. Leicht

Zutaten

1 großer Granatapfel	
150 ml Granatapfelsaft (frisch gepresst oder 100 % Direktsaft)	
1 EL Zitronensaft	
1 EL Honig oder Ahornsirup	
1 TL Maisstärke oder Speisestärke	
2 EL Wasser	
frische Minze zum Garnieren (optional)	

Nährwerte p. P.

85 kcal, 21 g kh,
0 g Fett, 1 g Eiweiß

1 Granatapfel halbieren und Kerne herauslösen. Hälfte der Kerne mit einer Saftpresse oder durch ein feines Sieb pressen, um zusätzlichen frischen Saft zu gewinnen.

2 Granatapfelsaft, Zitronensaft und Honig in einen kleinen Topf geben und erhitzen.

3 Speisestärke mit Wasser glattrühren und unter Rühren in den warmen Saft geben. Soße unter ständigem Rühren leicht köcheln lassen, bis sie eindickt und eine sirupartige Konsistenz erreicht. Soße vom Herd nehmen und etwas abkühlen lassen. Einige frische Granatapfelkerne unterrühren.

4 Soße lauwarm oder kalt servieren – garniert mit einem Minzblatt.

Tipp: Diese Granatapfelsoße passt hervorragend zu einer orientalischen Bowl mit Couscous, Falafeln, Hähnchen oder gebratenem Gemüse. Sie verleiht Bowls mit Ziegenkäse, Roter Beete oder Linsen einen fruchtigen Frischekick.

Guacamole-Dip

6 Port. 10 Min. Leicht

Zutaten

- 125 g Sauerrahm
- 125 g Joghurt
- 2 Knoblauchzehen
- 1 Avocado
- 1 EL frisch gepresster Limettensaft
- Salz, weißer Pfeffer, Cayennepfeffer

Nährwerte p. P.

483 kcal, 17 g kh,
41 g Fett, 10 g Eiweiß

1 Das Fruchtfleisch aus der Avocado lösen und mit dem Limettensaft verrühren. Den Knoblauch häuten und durch eine Knoblauchpresse zum Avocado-Fleisch drücken.

2 Den Joghurt und den Sauerrahm hinzugeben und alles sehr fein pürieren, anschließend mit Salz, Cayennepfeffer und Pfeffer nach Belieben abschmecken.

Dessert-Bowls

Avocado-Schoko-Bowl

4 Port. 15 Min. Leicht

Zutaten

2 reife Avocados
4 EL Kakaopulver
2 EL Honig
1 TL Vanilleextrakt
100 ml Milch
1 Prise Salz

Für das Topping:

2 EL Schokotropfen (Zartbitter)
4 frische Minzblätter

Nährwerte p. P.

250 kcal, 20 g kh, 18 g Fett, 3 g Eiweiß

1 Stellen Sie vier Servierschalen für 10 Minuten in den Kühlschrank.

2 Spülen Sie die Minzblätter ab und legen Sie sie zum Trocknen auf ein Küchentuch. Schneiden Sie die Avocados auf und entfernen Sie den Kern. Lösen Sie das Fruchtfleisch aus der Schale und schneiden Sie es in grobe Stücke.

3 Geben Sie die Avocadostücke in einen leistungsstarken Mixer. Fügen Sie Kakaopulver, Honig, Vanilleextrakt, Milch und 1 Prise Salz hinzu. Pürieren Sie das Ganze für 1-2 Minuten auf hoher Stufe, bis eine gleichmäßige, cremige Konsistenz erreicht ist. Lassen Sie die Creme anschließend für 5 Minuten ruhen.

4 Verteilen Sie die Avocadocreme gleichmäßig auf die vier Servierschalen. Dekorieren Sie nach Belieben mit den Schokotropfen und den frischen Minzblättern.

Möhrenkuchen-Bowl

2 Port. 10 Min. Leicht

Zutaten

2 geschnittene und gefrorene Bananen
1 Karotte (am besten gekocht)
2 EL Mandelmilch
2 TL Vanillezucker
½ TL gemahlener Zimt
½ TL Ingwerpulver
40 g Walnüsse
2 EL Cranberrys
1 EL Kokosraspel

Nährwerte p. P.

353 kcal, 43 g kh, 17 g Fett, 6 g Eiweiß

1 Pürieren Sie die Bananen, die Karotte, die Mandelmilch, den Vanillezucker, den Zimt und das Ingwerpulver mithilfe eines Mixers oder einer Küchenmaschine.

2 Hacken Sie die Walnüsse klein.

3 Füllen Sie das Püree in zwei Schüsseln und garnieren Sie diese mit Kokosraspeln, Walnüssen und Cranberrys.

Pfirsich-Joghurt-Bowl

4 Port. 15 Min. Leicht

Zutaten

400 g Joghurt
2 EL Honig
1 TL Vanilleextrakt

Für das Topping:

1 Pfirsich
etwas frische Minze

Nährwerte p. P.

150 kcal, 22 g kh,
4 g Fett, 6 g Eiweiß

1 Schneiden Sie den Pfirsich in zwei Hälften und entfernen Sie den Kern. Schneiden Sie das Fruchtfleisch in kleine Würfel.

2 Geben Sie den Joghurt in einen leistungsstarken Mixer. Fügen Sie den Honig und das Vanilleextrakt hinzu. Pürieren Sie die Zutaten für 1-2 Minuten auf hoher Stufe, bis eine gleichmäßige und cremige Konsistenz entsteht.

3 Verteilen Sie die Dessert-Bowl auf vier Servierschalen. Dekorieren Sie mit den Pfirsichstücken und frischer Minze.

Grießpudding-Beeren-Bowl

4 Port. 15 Min. Leicht

Zutaten

500 ml Milch
60 g Weichweizengrieß
2 EL Zucker
1 TL Vanilleextrakt
1 Prise Salz

Für das Topping:

4 EL frische Heidelbeeren
4 EL frische Johannisbeeren

Nährwerte p. P.

200 kcal, 35 g kh, 4 g Fett, 6 g Eiweiß

1 Geben Sie Heidelbeeren und Johannisbeeren in ein Sieb. Spülen Sie die Beeren ab und lassen Sie sie abtropfen.

2 Geben Sie die Milch in einen Topf. Fügen Sie 1 Prise Salz hinzu und erwärmen Sie die Milch bei mittlerer Hitze. Streuen Sie den Weichweizengrieß langsam unter ständigem Rühren in die heiße Milch, damit sich keine Klümpchen bilden. Lassen Sie die Mischung unter Rühren für 3 Minuten bei niedriger Hitze köcheln, bis sie eindickt.

3 Geben Sie den Zucker sowie das Vanilleextrakt hinzu und rühren Sie gründlich um. Nehmen Sie den Topf vom Herd und lassen Sie den Grießpudding für 5 Minuten abkühlen.

4 Verteilen Sie den warmen oder leicht abgekühlten Grießpudding gleichmäßig auf vier Servierschalen. Dekorieren Sie nach Belieben mit den frischen Heidel- und Johannisbeeren.

Vanillepudding-Bowl

4 Port. 20 Min. Leicht

Zutaten

- 500 ml kalte Milch
- 40 g Speisestärke
- 50 g Zucker
- 1 TL Vanilleextrakt
- 2 Eigelb
- 1 Banane
- etwas Minze

Nährwerte p. P.

200 kcal, 30 g kh,
6 g Fett, 4 g Eiweiß

1 Speisestärke in eine kleine Schüssel geben, 5 EL Milch zufügen und mit einem Schneebesen verrühren, bis sich die Stärke vollständig aufgelöst hat. Banane schälen und in Scheiben schneiden.

2 Restliche Milch in einem Topf erwärmen, Zucker darin verrühren, bis er sich aufgelöst hat, und Vanilleextrakt unter Rühren zufügen.

3 Mischung langsam erhitzen, bis sie kurz vor dem Kochen ist. Aufgelöste Speisestärke unter ständigem Rühren in die heiße Milch gießen, 3 Minuten kräftig rühren, Topf vom Herd nehmen, Eigelb zufügen und schnell unterrühren, damit es nicht stockt.

4 Pudding auf 4 Servierschalen verteilen und 5 Minuten ziehen lassen, dann 10 Minuten in den Kühlschrank stellen.

5 Vanillepudding mit Bananenscheiben und frischer Minze garnieren.

Erdbeereis-Bowl

4 Port. 20 Min. Leicht

Zutaten

400 g frische Erdbeeren
200 ml Sahne
100 ml Milch
2 EL Honig
1 TL Vanilleextrakt
1 TL Zitronensaft

Für das Topping:
frische Minze

Nährwerte p. P.

180 kcal, 18 g kh,
12 g Fett, 2 g Eiweiß

1 Spülen Sie die Erdbeeren und schneiden Sie sie in kleine Stücke. Geben Sie sie, bis auf eine Handvoll, in einen Mixer und fügen Sie Sahne, Milch, Honig, Vanilleextrakt und Zitronensaft hinzu. Pürieren Sie alles für 1-2 Minuten, bis eine glatte, cremige Konsistenz erreicht ist.

2 Schneiden Sie die verbliebenen Erdbeeren in kleine Stücke und heben Sie diese unter die pürierte Masse.

3 Geben Sie die Erdbeer-Mischung in eine flache und gefrierfeste Schüssel. Stellen Sie diese für 1 Stunde in das Gefrierfach. Rühren Sie mit einer Gabel alle 30 Minuten für 4 Stunden kräftig um, um Eiskristalle zu vermeiden.

4 Nehmen Sie das Erdbeer-Eis 5 Minuten vor dem Servieren aus dem Gefrierfach, damit es etwas weicher wird. Geben Sie mit einem Eislöffel je zwei Kugeln Eis in jede Servierschale.

5 Spülen Sie die Minze ab und legen Sie sie dekorativ auf jede Bowl.

Pistazieneis-Bowl

4 Port. 20 Min. Leicht

Zutaten

100 g ungesalzene, geschälte Pistazien
400 ml Sahne
100 ml Milch
3 EL Honig
1 TL Vanilleextrakt
1 TL Zitronensaft

Für das Topping:

4 frische Minzblätter

Nährwerte p. P.

380 kcal, 20 g kh, 30 g Fett, 8 g Eiweiß

1 Hacken Sie die Pistazien mit einem scharfen Messer grob und geben Sie sie in einen leistungsstarken Mixer. Fügen Sie Sahne, Milch, Honig, Vanilleextrakt und Zitronensaft hinzu. Pürieren Sie das Ganze für 1-2 Minuten auf hoher Stufe, bis eine glatte, cremige Konsistenz erreicht ist.

2 Geben Sie die Pistazien-Mischung in eine flache und gefrierfeste Schüssel. Stellen Sie diese in das Gefrierfach und lassen Sie das Eis für 1 Stunde angefrieren. Rühren Sie mit einer Gabel alle 30 Minuten für 4 Stunden kräftig um, um Eiskristalle zu vermeiden.

3 Nehmen Sie das Pistazien-Eis 5 Minuten vor dem Servieren aus dem Gefrierfach. Geben Sie mit einem Eislöffel je zwei Kugeln Eis in jede gekühlte Servierschale.

4 Spülen Sie die Minzblätter ab und legen Sie dann ein Minzblatt dekorativ auf jede Bowl.

Mangoeis-Bowl

4 Port. 20 Min. Leicht

Zutaten

4 reife Mangos
200 ml Sahne
100 ml Milch
2 EL Honig
1 TL Vanilleextrakt
1 TL Zitronensaft

Für das Topping:
4 frische Minzblätter

Nährwerte p. P.

220 kcal, 32 g kh,
12 g Fett, 2 g Eiweiß

1 Waschen Sie die Mangos und schneiden Sie sie seitlich entlang des Kerns in 2 große Hälften. Lösen Sie das Fruchtfleisch aus der Schale und schneiden Sie es in kleine Würfel.

2 Geben Sie die Mangowürfel in einen Mixer, fügen Sie Sahne, Milch, Honig, Vanilleextrakt und Zitronensaft hinzu und pürieren Sie das Ganze 1-2 Minuten, bis eine cremige Konsistenz erreicht ist.

3 Geben Sie die Mango-Mischung in eine flache und gefrierfeste Schüssel und stellen Sie diese für 1 Stunde in das Gefrierfach. In den nächsten 4 Stunden alle 30 Minuten kräftig mit einer Gabel umrühren, um Eiskristalle zu vermeiden.

4 Nehmen Sie das Mangoeis 5 Minuten vor dem Servieren aus dem Gefrierfach, damit es etwas weicher wird. Geben Sie mit einem Eislöffel je 2 Kugeln Eis in jede gekühlte Servierschale.

5 Spülen Sie die Minzblätter ab und legen Sie dann ein Minzblatt dekorativ auf jede Bowl.

Limetten-Käsekuchen-Bowl

2 Port. 15 Min. Leicht

Zutaten

130 g Kekse (z.B. Vollkornkekse oder Butterkekse)
½ Limette, Bio
60 g Butter
225 g Frischkäse
225 g Schlagsahne
85 g Zucker
1 Pck. Vanillezucker
1 TL Limettensaft
etwas Sprühsahne

Nährwerte p. P.

879 kcal, 84 g kh,
60 g Fett, 7 g Eiweiß

1 Die Kekse in einen Gefrierbeutel füllen und mit einem Nudelholz zerkrümeln.

2 Reiben Sie die Schale der Limette ab und schneiden Sie die Limette in Scheiben.

3 Für den Boden schmelzen Sie die Butter in einem kleinen Topf bei geringer Hitze oder in einer Mikrowelle. Die Kekse hinzugeben und verrühren.

4 Für die Creme schlagen Sie den Frischkäse mit Schlagsahne, Zucker, Vanillezucker und Limettensaft luftig auf.

5 Die Kekskrümel als Boden in große Gläser füllen. Geben Sie die Creme auf den Boden und dekorieren Sie mit zusätzlicher Schlagsahne, der Limettenschale und den Limettenscheiben.

Tipp: Verwenden Sie Erdbeeren anstatt der Limette für eine süßere Variante.

Tiramisu-Bowl

2 Port. 30 Min. Leicht

Zutaten

- 1 Ei
- etwas Vanillezucker
- 350 g griechischer Joghurt
- 250 g Magerquark
- 10 Tropfen Bittermandelaroma
- 230 ml Espresso
- 6 Reiswaffeln
- 2 TL Kakaopulver

Nährwerte p. P.

298 kcal, 29 g kh,
5 g Fett, 30 g Eiweiß

1 Trennen Sie das Ei und schlagen Sie das Eiweiß mit einer Prise Vanillezucker mithilfe eines Handrührgeräts steif.

2 Vermengen Sie Joghurt, Magerquark, 2 TL Vanillezucker und Bittermandelaroma. Heben Sie den Eischnee vorsichtig unter. Rühren Sie 200 ml Espresso ein.

3 Schichten Sie die Tiramisu-Bowl, indem Sie jeweils eine Waffel mit etwas Espresso beträufeln und etwas von der Quarkmischung darüber geben. Garnieren Sie die Bowls mit dem Kakaopulver und kühlen Sie sie für 15-20 Minuten im Kühlschrank.

Tipp: Verwenden Sie anstatt der Reiswaffeln Löffelbiskuits.

Matchaeis-Bowl

4 Port. 20 Min. Leicht

Zutaten

400 ml Kokosmilch
200 ml Sahne
2 EL Honig
2 TL Matcha-Pulver
1 TL Vanilleextrakt

Für das Topping:
4 frische Minzblätter

Nährwerte p. P.

330 kcal, 10 g kh,
28 g Fett, 3 g Eiweiß

1 Kokosmilch in einen Topf geben, Sahne zufügen, verrühren und 3 Minuten erwärmen.

2 Matcha-Pulver in eine Schüssel geben, 2 EL der Milchmischung zufügen und alles glattrühren. Matcha-Mischung zurück in den Topf geben und gründlich umrühren.

3 Honig und Vanilleextrakt zufügen, alles 2 weitere Minuten rühren, bis sich alle Zutaten vollständig aufgelöst haben, Topf vom Herd nehmen und Mischung 5 Minuten abkühlen lassen.

4 Matcha-Mischung in eine flache, gefrierfeste Schüssel geben und 1 Stunde ins Gefrierfach stellen. In den nächsten 4 Stunden alle 30 Minuten kräftig umrühren, um Eiskristalle zu vermeiden.

5 Matchaeis 5 Minuten vor dem Servieren aus dem Gefrierfach nehmen, damit es etwas weicher wird. Mit einem Esslöffel je 2 Kugeln Eis in jede Servierschale geben. Minzblätter waschen, trocken tupfen und jede Bowl mit einem Blatt garnieren.

Schoko-Mandel-Bowl

4 Port. 20 Min. Leicht

Zutaten

200 g Zartbitterschokolade (mind. 70 % Kakaoanteil)
200 ml Sahne
200 ml Milch
2 EL Kakaopulver
2 EL Honig
1 TL Vanilleextrakt
1 TL Speisestärke
2 EL kaltes Wasser

Für das Topping:

4 TL Kakaopulver
1 TL geraspelte Mandeln

Nährwerte p. P.

380 kcal, 30 g kh,
28 g Fett, 4 g Eiweiß

1 4 Servierschalen 10 Minuten in den Kühlschrank stellen, damit die Creme schneller fest wird. Schokolade in kleine Stücke hacken.

2 Sahne und Milch in einen kleinen Topf geben, Kakaopulver zufügen, gut umrühren und erhitzen. Gehackte Schokolade zufügen und langsam umrühren, bis sie vollständig geschmolzen ist. Honig und Vanilleextrakt zufügen und weiterrühren, bis die Mischung eine cremige Konsistenz erreicht hat.

3 Speisestärke in eine kleine Schüssel geben, Wasser zufügen und umrühren, bis sich die Stärke aufgelöst hat. Aufgelöste Speisestärke zur heißen Schoko-Creme geben, kräftig umrühren und Creme unter ständigem Rühren für 2 Minuten erhitzen, bis sie leicht andickt.

4 Topf vom Herd nehmen und Creme 5 Minuten abkühlen lassen. Schoko-Creme auf die 4 gekühlten Schalen verteilen und mit Kakaopulver und Mandelraspeln bestreuen. Schalen für mindestens 10 Minuten in den Kühlschrank stellen.

Hüttenkäse-Mango-Bowl mit Beeren

2 Port. 15 Min. Leicht

Zutaten

- 200 g Hüttenkäse
- 1 kleine reife Mango
- 4 Erdbeeren
- 1 Handvoll Heidelbeeren
- 100 ml Joghurt (oder griechischer Joghurt)
- 1 TL Chiasamen
- 1 TL Honig oder Ahornsirup (nach Geschmack)
- frische Minze zum Garnieren

Nährwerte p. P.

290 kcal, 30 g kh,
10 g Fett, 21 g Eiweiß

1 Schälen Sie die Mango und schneiden Sie das Fruchtfleisch in kleine Würfel.

2 Pürieren Sie etwa die Hälfte der Mango mit Joghurt und Honig zu einer glatten Sauce.

3 Verteilen Sie die Mangosauce gleichmäßig in zwei Schüsseln.

4 Setzen Sie jeweils einen gehäuften Löffel Hüttenkäse in die Mitte.

5 Schneiden Sie die Erdbeeren in Scheiben und legen Sie sie auf den Hüttenkäse.

6 Verteilen Sie die restlichen Mangowürfel und die Heidelbeeren um den Hüttenkäse herum.

7 Bestreuen Sie die Bowls mit Chiasamen und garnieren Sie sie mit frischer Minze.

Apfel-Zimt-Bowl

2 Port. 30 Min. Leicht

Zutaten

- 100 g Rundkornreis (Milchreis)
- 500 ml Milch
- 1 Prise Salz
- 1 Päckchen Vanillezucker
- 1 EL Honig

Topping:

- 1 Apfel
- 1 TL Butter oder Kokosöl
- 1 TL Zimt
- 1 TL Ahornsirup
- 2 EL gehackte Mandeln
- 1-2 Zimtstangen

Nährwerte p. P.

420 kcal, 60 g kh, 13 g Fett, 13 g Eiweiß

1 Milch mit Salz und Vanillezucker aufkochen. Den Reis einrühren, Hitze reduzieren und unter gelegentlichem Rühren ca. 25 Minuten köcheln lassen, bis der Reis weich und cremig ist. Zum Schluss mit Honig süßen.

2 Apfel in kleine Würfel schneiden. Butter (oder Kokosöl) in einer Pfanne erhitzen, Apfelstücke darin kurz anbraten, Zimt und Ahornsirup hinzufügen und 2-3 Minuten karamellisieren lassen.

3 Milchreis in Schüsseln füllen und mit den warmen Apfelstücken und gehackten Mandeln bestreuen.

4 Nach Wunsch mit Zimtstangen und etwas zusätzlichem Zimt garnieren.

Magnolia-Dessert-Bowl

2 Port. 25 Min. Leicht

Zutaten

- 500 ml Milch
- 2 EL Speisestärke
- 1 EL Mehl
- 2 EL Zucker
- 1 Eigelb
- 1 TL Vanilleextrakt
- 100 ml Schlagsahne
- 100 g Butterkekse
- 200 g frische Erdbeeren

Nährwerte p. P.

310 kcal, 38 g kh,
14 g Fett, 7 g Eiweiß

1 Verrühren Sie Milch, Speisestärke, Mehl, Zucker und Eigelb in einem Topf, bis eine glatte Masse entsteht. Erhitzen Sie die Mischung unter ständigem Rühren auf mittlerer Stufe, bis sie eindickt.

2 Nehmen Sie den Topf vom Herd und rühren Sie Vanilleextrakt und Schlagsahne unter. Lassen Sie die Creme etwas abkühlen.

3 Zerkleinern Sie die Kekse in einem Mixer oder in einem Gefrierbeutel mit einem Nudelholz zu feinen Bröseln. Schneiden Sie die Erdbeeren in Scheiben.

4 Schichten Sie in Schälchen abwechselnd Keksbrösel, Puddingcreme und Erdbeerscheiben. Wiederholen Sie den Vorgang, bis alle Zutaten aufgebraucht sind. Schließen Sie mit einer Schicht Puddingcreme ab, legen Sie einen Keks darauf und garnieren Sie das Dessert mit einer Erdbeere.

5 Stellen Sie die Gläser für mindestens zwei Stunden, besser über Nacht, in den Kühlschrank.

Bananencreme-Dessert-Bowl

4 Port. 20 Min. Leicht

Zutaten

Für die Creme:

500 ml Milch
2 EL Speisestärke
2 EL Zucker
1 Eigelb
1 TL Vanilleextrakt
100 ml Schlagsahne

Für die Schichten:

3 reife Bananen
100 g Butterkekse
optional: etwas Zitronensaft

Nährwerte p. P.

340 kcal, 50 g kh,
13 g Fett, 7 g Eiweiß

1 Verrühren Sie Milch, Speisestärke, Zucker und Eigelb in einem Topf, bis eine glatte Mischung entsteht. Erhitzen Sie diese unter Rühren auf mittlerer Stufe, bis sie eindickt.

2 Nehmen Sie den Topf vom Herd, rühren Sie Vanilleextrakt und Schlagsahne ein und lassen Sie die Creme etwas abkühlen.

3 Schneiden Sie die Bananen in Scheiben und beträufeln Sie sie nach Wunsch leicht mit Zitronensaft. Zerbröseln Sie die Kekse.

4 Schichten Sie in Dessertschalen oder Gläsern abwechselnd Creme, Bananenscheiben und Keksbrösel. Wiederholen Sie den Vorgang, bis alle Zutaten aufgebraucht sind. Schließen Sie mit einer Schicht Creme ab und bestreuen Sie diese mit ein paar Keksbröseln.

5 Stellen Sie die Bowls für mindestens 2 Stunden in den Kühlschrank, damit sie gut durchziehen kann.

Maracuja-Chia-Bowl

2 Port. 20 Min. Leicht

Zutaten

600 ml Mandelmilch
6 EL Chiasamen
2 EL Agavendicksaft
1 EL Vanillezucker
1 Prise Salz
1 Maracuja

Nährwerte p. P.

300 kcal, 43 g kh,
10 g Fett, 7 g Eiweiß

1 Bringen Sie die Mandelmilch in einem Topf bei mittlerer Hitze zum Kochen, geben Sie die Chiasamen hinzu, reduzieren Sie die Hitze und lassen Sie die Mischung unter gelegentlichem Rühren 10-15 Minuten köcheln, bis die gewünschte Konsistenz erreicht ist.

2 Trennen Sie währenddessen mit einem Löffel das Fruchtfleisch der Maracuja heraus.

3 Rühren Sie Agavendicksaft, Vanillezucker und Salz in den Chiapudding.

4 Füllen Sie den Pudding in zwei Schüsseln und geben Sie das Maracuja-Fruchtfleisch darüber.

Tipp: Variieren Sie mit anderem Obst wie Pfirsich, Orangen oder Erdbeeren.

Smoothie-Bowls

Rote-Beete-Smoothie-Bowl

4 Port. 15 Min. Leicht

Zutaten

2 kleine Knollen Rote Beete, vorgekocht
1 reife Banane
200 ml Mandelmilch
2 EL Joghurt
1 TL Honig
1 TL Zitronensaft
½ TL Zimt

Für das Topping:

50 g frische Himbeeren
50 g frische Heidelbeeren
4 EL Müsli

Nährwerte p. P.

160 kcal, 35 g kh,
3 g Fett, 3 g Eiweiß

1 Waschen Sie Himbeeren und Heidelbeeren und lassen Sie sie trocknen.

2 Schneiden Sie die vorgekochte Rote Beete in kleine Stücke. Schälen Sie die Banane und schneiden Sie sie in Scheiben.

3 Geben Sie die Rote Beete in einen Mixer. Fügen Sie die Bananenscheiben sowie die Mandelmilch, den Honig, den Zitronensaft, das Zimtpulver und den Joghurt hinzu. Pürieren Sie die Zutaten für 1-2 Minuten auf hoher Stufe. Sollte die Masse noch zu dick sein, fügen Sie etwas mehr Milch hinzu.

4 Verteilen Sie die Smoothie-Mischung gleichmäßig auf vier Servierschalen. Verteilen Sie das Müsli, die Himbeeren und die Heidelbeeren darauf.

Blaubeer-Smoothie-Bowl

4 Port. 15 Min. Leicht

Zutaten

300 g gefrorene Heidelbeeren
2 reife Bananen
200 ml Milch
2 EL Joghurt
1 TL Honig
1 TL Zitronensaft
½ TL Zimt

Für das Topping:

50 g gefrorene Heidelbeeren
50 g gefrorene Brombeeren
2 EL Chiasamen

1 Schälen Sie die Bananen und schneiden Sie sie in Scheiben.

2 Geben Sie die gefrorenen Heidelbeeren in einen leistungsstarken Mixer. Fügen Sie Bananenscheiben, Milch, Joghurt, Honig, Zitronensaft und Zimtpulver hinzu. Pürieren Sie die Zutaten auf hoher Stufe für 1-2 Minuten. Falls die Mischung zu dick ist, fügen Sie etwas mehr Milch hinzu.

3 Verteilen Sie den Smoothie auf vier Servierschalen und legen Sie die gefrorenen Beeren dekorativ darauf. Streuen Sie anschließend die Chiasamen darüber.

Nährwerte p. P.

190 kcal, 40 g kh, 4 g Fett, 4 g Eiweiß

Erdbeer-Açaí-Smoothie-Bowl

4 Port. 15 Min. Leicht

Zutaten

200 g gefrorene Erdbeeren
2 reife Bananen
2 Päckchen Açaí-Püree (gefroren)
200 ml Milch
4 EL Joghurt
1 TL Honig
½ TL Vanilleextrakt

Für das Topping:

150 g frische Erdbeeren
2 TL Chiasamen
frische Minze

Nährwerte p. P.

180 kcal, 40 g kh,
3 g Fett, 5 g Eiweiß

1 Lassen Sie die gefrorenen Erdbeeren leicht antauen. Nehmen Sie das Açaí-Püree aus der Verpackung und tauen Sie es für 3 Minuten an.

2 Schälen Sie währenddessen die Bananen und schneiden Sie sie in kleine Scheiben. Waschen Sie die frischen Erdbeeren und schneiden Sie sie in dünne Scheiben.

3 Geben Sie die gefrorenen Erdbeeren in einen leistungsstarken Mixer. Fügen Sie Bananenscheiben, Açaí-Püree, Milch, Joghurt, Honig und Vanilleextrakt hinzu. Pürieren Sie das Ganze für 1-2 Minuten auf hoher Stufe.

4 Verteilen Sie die Smoothie-Mischung auf vier Servierschalen. Legen Sie die frischen Erdbeerscheiben und die Minze dekorativ darauf und bestreuen Sie jede Bowl mit den Chiasamen.

Spinat-Smoothie-Bowl

4 Port. 15 Min. Leicht

Zutaten

200 g frischer Babyspinat
1 reife Avocado
200 ml Milch
4 EL Joghurt
1 TL Honig
1 TL Zitronensaft

Für das Topping:

4 EL Buchweizensprossen

Nährwerte p. P.

140 kcal, 12 g kh,
9 g Fett, 4 g Eiweiß

1 Spülen Sie den Babyspinat ab und lassen Sie ihn trocknen.

2 Schneiden Sie die Avocado längs in zwei Hälften und entfernen Sie den Kern. Lösen Sie das Avocado-Fruchtfleisch aus der Schale und schneiden Sie es in kleine Stücke.

3 Geben Sie den Babyspinat in einen leistungsstarken Mixer. Fügen Sie Avocadostücke, Milch, Joghurt, Honig und Zitronensaft hinzu. Pürieren Sie die Zutaten für 1-2 Minuten auf hoher Stufe.

4 Verteilen Sie den Smoothie auf vier Servierschalen und streuen Sie die Buchweizensprossen gleichmäßig darüber.

Kiwi-Stachelbeeren-Smoothie-Bowl

4 Port. 15 Min. Leicht

Zutaten

4 Kiwis
200 g Stachelbeeren
2 reife Bananen
200 ml Milch
4 EL Joghurt
1 TL Honig
1 TL Zitronensaft

Für das Topping:

8 frische Erdbeeren
2 EL Schokoraspel
2 TL Sesamsamen

Nährwerte p. P.

130 kcal, 28 g kh,
2 g Fett, 3 g Eiweiß

1 Füllen Sie die Stachelbeeren in ein Sieb und spülen Sie sie unter kaltem Wasser gründlich ab. Legen Sie 8 Beeren für das Topping zur Seite. Schälen Sie die Kiwis und schneiden Sie sie in kleine Stücke. Schälen Sie die Bananen und schneiden Sie sie in kleine Scheiben. Waschen Sie die Erdbeeren und schneiden Sie sie für das Topping in dünne Scheiben.

2 Geben Sie die Kiwistücke in einen leistungsstarken Mixer. Fügen Sie Stachelbeeren, Bananenscheiben, Milch, Joghurt, Zitronensaft und Honig hinzu. Pürieren Sie das Ganze für 1-2 Minuten auf hoher Stufe.

3 Verteilen Sie den Smoothie auf vier Servierschalen. Dekorieren Sie mit den Erdbeerscheiben, den Stachelbeeren, den Schokoraspeln und den Sesamsamen.

Mango-Smoothie-Bowl

4 Port. 20 Min. Leicht

Zutaten

- 2 reife Mangos
- 2 reife Bananen
- 200 ml Milch
- 4 EL Joghurt
- 2 EL Haferflocken
- 1 TL Honig
- 1 TL Zitronensaft

<u>Für das Topping:</u>

- 1 Mango
- 1 Drachenfrucht
- 1 Banane
- 4 EL Müsli mit Rosinen
- 2 EL Kokosraspel
- 2 TL Chiasamen

1 Schälen Sie die Mangos und schneiden Sie das Fruchtfleisch längs entlang des Kerns ab. Schneiden Sie die Mangos in Würfel. Legen Sie die Würfel einer Mango für das Topping beiseite. Schälen Sie die Drachenfrucht und schneiden Sie sie in kleine Würfel. Legen Sie diese für das Topping beiseite. Schälen Sie die Bananen. Schneiden Sie die beiden für den Smoothie in Scheiben und die für das Topping in kleine Würfel.

2 Geben Sie die Mangostücke in einen leistungsstarken Mixer. Fügen Sie die Bananenscheiben, die Milch, den Joghurt, die Haferflocken, den Zitronensaft und den Honig hinzu. Pürieren Sie das Ganze für 1-2 Minuten auf hoher Stufe.

3 Verteilen Sie die Smoothie-Mischung auf 4 Servierschalen, dekorieren Sie sie mit Mango-, Bananen- und Drachenfruchtwürfeln sowie mit Kokosraspeln, Müsli und Chiasamen.

Nährwerte p. P.

200 kcal, 45 g kh, 4 g Fett, 3 g Eiweiß

Pfirsich-Smoothie-Bowl

4 Port. | 15 Min. | Leicht

Zutaten

- 4 reife Pfirsiche
- 2 reife Bananen
- 200 ml Milch
- 4 EL Joghurt
- 2 EL Haferflocken
- 1 TL Honig
- 1 TL Zitronensaft

Für das Topping:

- 1 Pfirsich
- 4 EL ganze Heidelbeeren
- 2 EL Granola

Nährwerte p. P.

196 kcal, 45 g kh,
3 g Fett, 3 g Eiweiß

1 Spülen Sie die Heidelbeeren ab und legen Sie sie auf ein Küchentuch zum Abtropfen.

2 Schneiden Sie die Pfirsiche rund um den Kern ein, entfernen Sie diesen, schneiden Sie sie in grobe Stücke und legen Sie sie beiseite.

3 Schneiden Sie den letzten Pfirsich für das Topping in dünne Scheiben. Schälen Sie die Bananen und schneiden Sie sie in Scheiben.

4 Geben Sie die Pfirsichstücke in einen leistungsstarken Mixer. Fügen Sie die Bananenscheiben, die Milch, den Joghurt, die Haferflocken, den Zitronensaft und den Honig hinzu. Pürieren Sie die Zutaten für 1-2 Minuten auf hoher Stufe.

5 Verteilen Sie den Smoothie auf vier Servierschalen. Dekorieren Sie mit den Pfirsichscheiben, den Heidelbeeren und dem Granola nach Belieben.

Himbeer-Smoothie-Bowl

4 Port. 15 Min. Leicht

Zutaten

300 g frische Himbeeren
200 ml Milch
4 EL Joghurt
2 EL Haferflocken
1 TL Honig
1 TL Zitronensaft

Für das Topping:

50 g frische Himbeeren
2 EL Walnüsse
2 TL Chiasamen
4 EL Cornflakes

Nährwerte p. P.

157 kcal, 34 g kh,
6 g Fett, 4 g Eiweiß

1 Geben Sie die Himbeeren in ein Sieb und spülen Sie sie gründlich ab. Legen Sie 50 g für das Topping zur Seite. Hacken Sie die Walnüsse grob und füllen Sie sie in eine kleine Schüssel.

2 Geben Sie die Himbeeren in einen leistungsstarken Mixer. Fügen Sie die Milch, den Joghurt, die Haferflocken, den Zitronensaft und den Honig hinzu. Pürieren Sie die Zutaten für 1-2 Minuten auf hoher Stufe, bis eine gleichmäßige, cremige Konsistenz erreicht ist.

3 Verteilen Sie die Smoothie-Mischung auf vier Servierschalen. Dekorieren Sie nach Belieben mit den Himbeeren, den gehackten Walnüsse, den Chiasamen und den Cornflakes.

Granatapfel-Smoothie-Bowl

4 Port. | 15 Min. | Leicht

Zutaten

2 große Granatäpfel
2 reife Bananen
200 ml Milch
4 EL Joghurt
2 EL Haferflocken
1 TL Honig
1 TL Zitronensaft

Für das Topping:

50 g frische Heidelbeeren
4 EL Fruchtmüsli

Nährwerte p. P.

*223 kcal, 40 g kh,
4 g Fett, 6 g Eiweiß*

1 Spülen Sie die Heidelbeeren und tropfen Sie sie auf einem Küchentuch ab.

2 Schneiden Sie die Granatapfelschale rundherum ein, ohne die Kerne zu beschädigen, und lösen Sie die Kerne vorsichtig aus der Schale. Schälen Sie die Bananen und schneiden Sie sie in kleine Scheiben.

3 Geben Sie die Granatapfelkerne in einen leistungsstarken Mixer. Fügen Sie Bananenscheiben, Milch, Joghurt, Haferflocken, Zitronensaft und Honig hinzu. Pürieren Sie das Ganze für 1-2 Minuten auf hoher Stufe.

4 Verteilen Sie die Smoothies auf vier Servierschalen. Dekorieren Sie nach Belieben mit den frischen Heidelbeeren und dem Fruchtmüsli.

Spirulina-Smoothie-Bowl

4 Port. 15 Min. Leicht

Zutaten

- 2 reife Bananen
- 200 ml Milch
- 4 EL Joghurt
- 2 EL Haferflocken
- 1 TL Spirulina-Pulver
- 1 TL Honig
- 1 TL Zitronensaft

Für das Topping:

- 50 g frische Heidelbeeren
- 2 Kiwis
- 2 TL Chiasamen

Nährwerte p. P.

215 kcal, 38 g kh, 4 g Fett, 7 g Eiweiß

1 Spülen Sie die Heidelbeeren und tropfen Sie sie auf einem Küchentuch ab. Schälen Sie die Bananen und schneiden Sie sie in Scheiben. Schälen Sie die Kiwis und schneiden Sie sie in ca. 0,5 cm dicke Scheiben. Nehmen Sie einen kleinen Ausstecher in Sternform oder ein scharfes Messer und schneiden Sie aus den Kiwischeiben Sterne heraus.

2 Geben Sie die Bananenscheiben in einen leistungsstarken Mixer. Fügen Sie Milch, Joghurt, Haferflocken, Zitronensaft, Spirulina-Pulver und Honig hinzu. Pürieren Sie die Zutaten für 1-2 Minuten auf hoher Stufe.

3 Verteilen Sie die Smoothie-Mischung auf vier Servierschalen. Dekorieren Sie nach Belieben mit den Kiwi-Sternen, den frischen Heidelbeeren und den Chiasamen.

Avocado-Spargel-Smoothie-Bowl

4 Port. 20 Min. Leicht

Zutaten

- 1½ reife Avocado
- 1 große Salatgurke
- 6 Stangen grüner Spargel
- 200 ml Milch
- 4 EL Joghurt
- 2 EL Haferflocken
- 1 TL Limettensaft
- ½ TL Salz
- 1 TL Honig
- Wasser zum Kochen

Für das Topping:

- 2 Kiwis
- 2 TL Leinsamen

Nährwerte p. P.

190 kcal, 20 g kh,
9 g Fett, 7 g Eiweiß

1 Avocados aufschneiden, Kern entfernen, Fruchtfleisch herauskratzen und in grobe Stücke schneiden. Gurke waschen und in Scheiben schneiden. Eine Gurkenhälfte für das Topping beiseitelegen. Kiwis schälen und in Scheiben schneiden.

2 Wasser in einem Topf zum Kochen bringen, Spargel hineingeben und 3 Minuten blanchieren. Spargel herausnehmen, in eine Schüssel mit kaltem Wasser geben, um den Garprozess zu stoppen, 1 Minute abkühlen lassen und in kleine Stücke schneiden.

3 Avocadostücke in einen Mixer geben, Gurkenscheiben, Spargelstücke, Milch, Joghurt, Haferflocken, Limettensaft, Salz und Honig zufügen und das Ganze 1-2 Minuten pürieren.

4 Smoothie-Mischung auf 4 Servierschalen verteilen und nach Belieben mit Kiwi-, Gurkenscheiben und Leinsamen dekorieren.

Matcha-Smoothie-Bowl

4 Port. 15 Min. Leicht

Zutaten

- 2 reife Bananen
- 200 ml Milch
- 4 EL Joghurt
- 2 EL Haferflocken
- 1 TL Matcha-Pulver
- 1 TL Honig
- 1 TL Zitronensaft

Für das Topping:

- 1 Banane
- 50 g frische Heidelbeeren
- 2 Kiwis
- 2 TL Kokosraspel
- 2 EL Müsli

Nährwerte p. P.

230 kcal, 42 g kh,
4 g Fett, 7 g Eiweiß

1 Spülen Sie die Heidelbeeren ab. Schälen Sie die Bananen und schneiden Sie sie in Scheiben. Stellen Sie die Scheiben einer Banane für das Topping zur Seite. Schälen Sie die Kiwis, schneiden Sie sie in ca. 0,5 cm dicke Scheiben und vierteln Sie sie nochmals.

2 Geben Sie die Bananenscheiben in einen leistungsstarken Mixer. Fügen Sie Milch, Joghurt, Haferflocken, Zitronensaft, Matcha-Pulver und Honig hinzu. Pürieren Sie die Zutaten für 1-2 Minuten auf hoher Stufe.

3 Verteilen Sie die Smoothie-Mischung auf vier Servierschalen. Dekorieren Sie nach Belieben mit den Kiwistücken, den frischen Heidelbeeren, den Bananenscheiben, den Kokosraspeln und dem Müsli.

Schoko-Bananen-Smoothie-Bowl

4 Port. 15 Min. Leicht

Zutaten

2 reife Bananen
2 EL Kakaopulver
200 ml Mandelmilch
4 EL Joghurt
1 TL Honig
1 TL Erdnussmus

Für das Topping:

1 Banane
4 EL Müsli

Nährwerte p. P.

245 kcal, 39 g kh,
7 g Fett, 7 g Eiweiß

1 Schälen Sie die Bananen und schneiden Sie sie in Scheiben. Stellen Sie die Scheiben einer Banane für das Topping zur Seite.

2 Geben Sie die Bananenstücke in einen leistungsstarken Mixer. Fügen Sie Kakaopulver, Mandelmilch, Joghurt, Honig und Erdnussmus hinzu. Pürieren Sie die Zutaten für 1-2 Minuten auf hoher Stufe.

3 Verteilen Sie die Smoothies auf vier Servierschalen. Dekorieren Sie nach Bedarf mit den Bananenscheiben und dem Müsli.

Chiasamen-Smoothie-Bowl

4 Port. 20 Min. Leicht

Zutaten

- 4 EL Chiasamen
- 200 ml Milch
- 2 reife Bananen
- 1 große Birne
- 4 EL Joghurt
- 2 EL Haferflocken
- 1 TL Honig
- 1 TL Zitronensaft

Für das Topping:

- 1 Birne
- 2 EL Erdnüsse (ungesalzen)
- 2 EL Walnüsse
- 2 TL Chiasamen

1 Chiasamen in eine Schüssel geben und Milch darübergießen. Mischung mindestens 10 Minuten quellen lassen, sodass die Samen eine gelartige Konsistenz bekommen. Mischung nach 5 Minuten erneut umrühren.

2 Birnen abspülen und eine Birne in kleine Stücke schneiden, zweite Birne für das Topping in der Länge in dünne Scheiben schneiden. Bananen schälen und in Scheiben schneiden. Walnüsse grob hacken, die Erdnüsse bleiben ganz.

3 Birnenstücke in einen Mixer geben, Bananenscheiben, Chiasamen samt Milch, Joghurt, Haferflocken, Zitronensaft und Honig zufügen und alles 1-2 Minuten pürieren.

4 Smoothie-Mischung auf 4 Servierschalen verteilen und nach Belieben mit Birnenscheiben, Erdnüssen, Walnüssen und Chiasamen garnieren.

Nährwerte p. P.

290 kcal, 37 g kh, 12 g Fett, 9 g Eiweiß

Löwenzahn-Dattel-Smoothie-Bowl

1 Port. 10 Min. Leicht

Zutaten

250 ml Mandelmilch
1 Banane, geschnitten & gefroren
2 Datteln
1 Handvoll Spinat
1 Handvoll Löwenzahnblätter

Toppings:

1 EL Mandelsplitter
1 TL Chiasamen
1 Zweig rote Johannisbeeren
1 Zweig schwarze Johannisbeeren
1 TL Kokosraspel
1 TL Leinsamen
1 EL Sauerkirschen

1 Geben Sie die Banane, die Datteln, den Spinat und die Löwenzahnblätter in einen Mixer. Geben Sie nach und nach etwas Mandelmilch hinzu und mixen Sie alles, bis eine cremige Masse entsteht.

2 Geben Sie den Smoothie in eine Schüssel und garnieren Sie mit den Toppings.

Nährwerte p. P.

478 kcal
77 g kh
17 g Fett
10 g Eiweiß

Papaya-Mango-Smoothie-Bowl

1 Port. 5 Min. Leicht

Zutaten

2 Bananen, geschnitten & gefroren
100 g Mango, gefroren
150 g Papaya, gefroren
1 Handvoll Spinat
Saft einer Limette
etwas Wasser

Toppings:

1 EL Heidelbeeren
1 EL Brombeeren
1 TL Kokosraspel
1 TL Sesamsamen, schwarz

Nährwerte p. P.

454 kcal, 90 g kh,
13 g Fett, 8 g Eiweiß

1 Geben Sie die Bananen, die Mango, die Papaya, den Spinat und den Limettensaft in einen Mixer und pürieren Sie, bis eine cremige Masse entsteht. Bei Bedarf etwas Wasser dazugeben.

2 Füllen Sie den entstandenen Smoothie in eine Bowl und garnieren Sie ihn mit den Toppings.

Kiwi-Kokos-Smoothie-Bowl

2 Port. 15 Min. Leicht

Zutaten

Für die Smoothie-Basis:

- 2 Kiwis
- 1 kleine Banane (gefroren für cremige Konsistenz)
- 100 ml Kokosmilch
- 1 EL Erdnussbutter
- 1 TL Honig (optional)

Für das Topping:

- 1 Kiwi
- 2 EL Granola
- 2 EL Kokoschips
- 2 TL Chiasamen

Nährwerte p. P.

410 kcal, 47 g kh,
20 g Fett, 9 g Eiweiß

1 Schälen Sie zwei Kiwis und schneiden Sie sie grob in Stücke.

2 Geben Sie Kiwis, Banane, Kokosmilch, Erdnussbutter und Honig in einen Mixer und pürieren Sie alles cremig.

3 Verteilen Sie den Smoothie auf zwei Schüsseln.

4 Schneiden Sie die übrige Kiwi in dünne Scheiben und legen Sie sie dekorativ auf die Bowls. Bestreuen Sie alles mit Chiasamen, Granola und Kokoschips.

5 Sofort servieren, solange das Granola knusprig ist.

Beeren-Smoothie-Bowl

2 Port. 15 Min. Leicht

Zutaten

Für die Smoothie-Basis:

- 150 g gefrorene Beeren (z. B. Heidelbeeren, Himbeeren oder Waldbeeren)
- 1 kleine Banane (gefroren)
- 100 ml Kokosmilch
- 1 TL Chiasamen
- 1 TL Ahornsirup (optional)

Für das Topping:

- ½ reife Mango
- 1-2 Erdbeeren
- 2 EL Granatapfelkerne
- 1 EL Kokosraspel
- frische Minze

1 Geben Sie gefrorene Beeren, Banane, Kokosmilch, Chiasamen und Ahornsirup in einen Mixer. Pürieren Sie alles zu einer dicken, cremigen Masse. Wenn die Konsistenz zu fest ist, fügen Sie etwas mehr Milch hinzu.

2 Verteilen Sie die Smoothie-Masse auf zwei Schüsseln.

3 Schneiden Sie die Mango in feine Scheiben und legen Sie sie fächerförmig auf die Bowls. Halbieren Sie die Erdbeeren und platzieren Sie sie in der Mitte. Bestreuen Sie die Bowls mit Granatapfelkernen und Kokosraspeln.

4 Zum Schluss mit frischer Minze dekorieren und sofort servieren.

Nährwerte p. P.

360 kcal, 54 g kh, 12 g Fett, 6 g Eiweiß

Mango-Orange-Smoothie-Bowl

2 Port. 15 Min. Leicht

Zutaten

Für die Smoothie-Basis:

1 reife Mango
1 Orange
1 kleine Banane
100 ml Orangensaft

Für das Topping:

1 kleine Banane
4-5 Erdbeeren
1 Handvoll Heidelbeeren
einige Mangowürfel
1 TL Granola (optional)
frische Minze

Nährwerte p. P.

330 kcal, 70 g kh,
4 g Fett, 5 g Eiweiß

1 Schälen Sie Mango, Banane und Orange und schneiden Sie sie in Stücke.

2 Geben Sie Mango, Orange, gefrorene Banane und Orangensaft in einen Mixer. Pürieren Sie alles zu einer cremig-dicken Smoothie-Masse. Wenn nötig, etwas mehr Flüssigkeit hinzufügen.

3 Verteilen Sie den Smoothie auf zwei Schüsseln.

4 Belegen Sie die Bowls mit Bananenscheiben, Erdbeeren und Heidelbeeren in Streifen. Streuen Sie einige Mangowürfel und optional etwas Granola darüber.

5 Mit frischer Minze garnieren und sofort servieren.

Salted-Caramel-Smoothie-Bowl

2 Port. 10 Min. Leicht

Zutaten

2 geschnittene und gefrorene Bananen
70 g Datteln, getrocknet
250 ml Mandelmilch
3 EL Tahini
2 EL Leinsamen
1 TL Vanillezucker
1 TL Zimt
1 Msp. Salz

Toppings:

2 EL Mandeln
½ Banane
2 TL Chiasamen

Nährwerte p. P.

577 kcal, 77 g kh,
21 g Fett, 15 g Eiweiß

1 Pürieren Sie die gefrorenen Bananen, die Datteln, die Mandelmilch sowie Tahini, Leinsamen, Vanillezucker, Zimt und Salz mithilfe eines Mixers oder einer Küchenmaschine.

2 Hacken Sie die Mandeln klein und schneiden Sie die halbe Banane in Scheiben.

3 Füllen Sie das Püree in Schüsseln und geben Sie Bananenscheiben, gehackte Mandeln und Chiasamen darüber.

Tipp: Ergänzen Sie die Bowl mit Schokoladenstreuseln und Karamellsoße.

Wassermelonen-Smoothie-Bowl

4 Port. 15 Min. Leicht

Zutaten

600 g Wassermelone
2 reife Bananen
1 Kiwi
200 ml Kokoswasser
4 EL Joghurt
2 EL Haferflocken
1 TL Honig
1 TL Zitronensaft

Für das Topping:

1 Kiwi

Nährwerte p. P.

155 kcal, 33 g kh,
2 g Fett, 4 g Eiweiß

1 Schneiden Sie die Wassermelone in zwei Hälften. Schneiden Sie das Fruchtfleisch in Würfel und entfernen Sie die Kerne. Stellen Sie einen Teil der Würfel zur Seite. Schälen Sie die Bananen und schneiden Sie sie in Scheiben. Schälen Sie die Kiwis und würfeln Sie sie. Die Kiwi für das Topping schneiden Sie in Scheiben.

2 Geben Sie die Wassermelonenstücke in einen leistungsstarken Mixer. Fügen Sie Bananenscheiben, Kokoswasser, Joghurt, Haferflocken, Zitronensaft und Honig hinzu. Pürieren Sie die Zutaten für 1-2 Minuten auf hoher Stufe. Anschließend rühren Sie die aufgehobenen Kiwi- und Melonenwürfel unter.

3 Verteilen Sie die Smoothies gleichmäßig auf vier Servierschalen. Dekorieren Sie nach Belieben mit den Kiwischeiben.

Tipp: Wer es ganz ausgefallen haben möchte, kann die Hälften der Melonenschale aufheben und sie als Servierschale verwenden.

Register